John Stuart

Records of the monastery of Kinloss

With illustrative documents

John Stuart

Records of the monastery of Kinloss
With illustrative documents

ISBN/EAN: 9783743355095

Manufactured in Europe, USA, Canada, Australia, Japa

Cover: Foto ©ninafisch / pixelio.de

Manufactured and distributed by brebook publishing software (www.brebook.com)

John Stuart

Records of the monastery of Kinloss

ABBEY OF KINLOSS.
ARCH IN THE SOUTH WALL.

RECORDS

OF THE

Monastery of Kinloss

WITH ILLUSTRATIVE DOCUMENTS

EDITED BY

JOHN STUART, LL.D.

SECRETARY OF THE SOCIETY OF ANTIQUARIES OF SCOTLAND

EDINBURGH
PRINTED FOR THE SOCIETY BY R. & R. CLARK
MDCCCLXXII

TABLE OF CONTENTS.

	PAGE
THE PREFACE	ix

APPENDIX TO THE PREFACE—

No. I. The Chronicle of John Smyth, Monk of Kinloss   3

No. II. Notices of the Abbots of Kinloss by Ferrerius
    Life of Abbot Thomas Crystall, with Appendix on his death   17
    Life of Abbot Robert Reid   49

No. III. Chapter Discourses by Adam Elder, Monk of Kinloss, with a Prefatory Letter from Elder to the Bishop of Orkney   65

No. IV. Charters of the Priory of Beauly   93

TABULA CHARTARUM   101

CARTE ABBACIE DE KYNLOS   105

INDEX TO APPENDIX TO THE PREFACE   165

INDEX TO PREFACE AND THE CHARTERS   169

ILLUSTRATIONS.

Abbey of Kinloss, Arch in South Wall   *Fronting Title.*

Ground Plan of Kinloss Abbey   lviii

Abbey of Kinloss, Abbot's House   lx

Facsimile of Seals, and Signatures at Charter of "the Debateable Lands"   lxiv

Abbey of Kinloss, Arches in South Wall   lxxvi

PREFACE.

THE country of Moray was one of the latest conquests by the kings of Albany, and long after its nominal annexation to the Scottish kingdom it was the theatre of revolts and many risings of the old inhabitants.

Of its ecclesiastical history during this period we have few memorials. Doubtless there were within its bounds monastic establishments of the Columban type, similar to the monasteries of Mortlach and Deer, in the neighbouring district, to the latter of which Malcolm, the Mormaer of Moray, made a grant of lands. We may infer that one of these had been placed at Kinneddar, near the coast, where St. Gernadius established his hermitage; but we have fewer vestiges of the Celtic Church in this district than in the country of the Southern Picts.

It formed part of the civilising policy of David I. to carry the blessings of religion into the districts which his arms had vanquished; and it was thus that he was led to found a monastery at Kinloss, and establish in it a colony of his favourite Cistercians from Melrose, in the year 1150.

If we may credit the legendary history preserved by

Ferrerius, the king was led to erect the monastery by motives such as are popularly believed to have led him to found the Abbey of Holyrood. It is said that while he was engaged in the chase in the country near Forres, he lost his way in a thick wood, but, under the guidance of a white dove (vouchsafed in answer to his prayers), he was led to an open spot, where he found two shepherds tending their flocks. By them the king was hospitably entertained; and being warned in a dream that he should there erect a chapel to the blessed Virgin, by whose ready aid he had been preserved, he resolved at once to obey the vision, and, with his sword, he proceeded to mark out on the green sward the outline of the building which he meant to erect.

Having been rejoined by his nobles, the king then proceeded with them to the Castle of Duffus, in the neighbourhood, and announcing to them his vision and consequent vow, he collected the architects and masons engaged on royal works in various places, in order that the foundation of Kinloss might forthwith be undertaken. To secure the uninterrupted progress of the work the king remained at Duffus during the summer, and when he was called away by other affairs he procured from Melrose a monk, to whom he committed the charge of the rising monastery, and who was afterwards made the first abbot.

This foundation is said to have been made on 20th June 1151,[1] or, according to other authorities, in the pre-

[1] Chronica de Mailros, p. 74.

vious year;[1] and although the deed has not been preserved, we find that the royal endowment was confirmed to Reinerius, the second abbot, by a bull of Pope Alexander III., in 1174.[2]

From the later charters of confirmation, where the benefactions of the pious David are recited, they appear to have comprised the lands of Kynlos and Inverlochty, and "the land which the king himself perambulated as the brook falls into Massat, and as the marsh goes down to the wood; as also the land on which the Scotch mill stood, with the fishings, and the land of Eth, as they were possessed by Twethel, and a net in the water of Eren, and the wood of Inchdamin, according to the marches fixed by the king himself in person, and the Bishop of Caithness and others." His grandson, Malcolm, added the site of a mill on Massat, with the adjoining "landella" of two acres, with a ploughgate of land in the "landella" Burgin or Burgy. From William the Lion the monks received a grant of the barony of Strathisla, in Banffshire, a territory stretching from the Knock Hill to the Balloch; "the lands of Burgie, which lay on the north side of the king's highway leading from Forres towards Elgin, and adjoined their lands of Kinloss, and the lands of Invereren, which were perambulated also by the Bishop of Aberdeen, Earl Duncan, and others; and the lands of the 'prepositura' of Invereren, and a toft in Eren."[3]

[1] Smyth's Chron., p. 3, Appendix. [2] Carte Abbacie de Kinlos, p. 105.
[3] *Idem*, pp. 4, 5, 7.

From the same king they had grants of tofts in his burghs of Inverness, Nairn, Forres, Elgin, and Aberdeen.[1]

From William, Bishop of Murray, they got the church lands of Burgie.[2]

They had also tofts in Berwick, Stirling, Perth, and Montrose.

King Alexander II. conferred on them the lands of Burgie, which were perambulated by Malcolm, Earl of Fife, and others, and according to a boundary which will form the subject of subsequent remarks.[3]

From Alan, the son of Walter the Steward, the monks had a gift of five shillings out of the rents of his three tofts in Elgin, Forres, and Inverness.

From Walter Murdach and his wife Muriel, daughter of Peter de Pollock, they received a part of the haugh of Dundureus, with the land and pasture set apart for them, and described in Walter Murdach's charter—a gift which is said to have been intended as an aid in the restoration of the monastery after its accidental destruction by fire in the year 1258.[4]

By the gift of Robert Corbet they got the three oxgates of land of Lethenoth, lying between the church of Gamery and Trup, in Banffshire.

From David, the son of Duncan, Earl of Fife, the monks got all that part of the land of Belach, or Balloch, which had been the subject of controversy between him and them

---

[1] Carte Abbacie de Kinlos, p. 20. [2] *Idem*, pp. 7, 8.
[3] *Idem*, p. 8. [4] *Idem*, p. 8. Ferrer. Hist. Abb., p. 25.

in the early part of the thirteenth century, and which, as will be seen, continued to be a subject of litigation between their successors three centuries afterwards. These lands lay on the west boundary of their barony of Strathisla, the marches of which are described as running to the summit of both the hills of Balloch.[1]

King Robert Bruce conferred on the house all the fishings in the water of Findhorn[2]—a valuable gift, but one which, in the progress of time, led the monks, and their successors, even to our own day, into many troublesome lawsuits. From this king the monks also got the church of Ellon, on the Ythan, in Aberdeenshire.

No chartulary of the house of Kinloss has been preserved, and the scanty records printed in the present volume have been gleaned from various sources, indicated in the Tabula.

While there is a lack of charter records in illustration of its history, the traditions of the monastery, and notices of its abbots, have been handed down with unusual fulness by an author who wrote in the first half of the sixteenth century, and for a time was one of its inmates.

John Ferrerius, to whom I refer, was a native of Piedmont, who, being at Paris in the pursuit of his studies in the university there, became the friend of Robert Reid, then on his return from Rome to Scotland, carrying with him the Papal bulls which conferred on him the Abbacy of Kinloss.

[1] Carte Abbacie de Kinlos, pp. 5, 11.   [2] *Idem*, p. 28.

Ferrerius was induced by the abbot to accompany him to Scotland in 1528, and after passing three years at court, he was installed at Kinloss, where he spent the next five years either in study, in the instruction of the monks, or in the preparation of certain Commentaries which he had undertaken.

In 1537, he was meditating his return to Italy; but, in the first place, he resolved to preserve to posterity an account of his lectures, and the authors on whose works he had prelected; and as it is a matter of interest to learn the system of study pursued in a Scotch monastery just before the Reformation, I have included in the Appendix to the Preface the notices of himself and his labours thus furnished by Ferrerius (pp. 52-56).

In 1540, at the urgent request of Abbot Robert Reid, who had just been promoted to the See of Orkney, he returned to Scotland. At this time Reid settled on him a pension of forty pounds Scotch, with a servant and two horses. In that year he accompanied his patron on a visit to his distant diocese, and on his return through Ross-shire he brought along with him from Beauly (the priory of which was held by the bishop in commendam), five young monks for their instruction. They continued at Kinloss under his care for three years; but in consequence of the confusion which followed the death of King James V., and the disturbances by which Ferrerius was surrounded, they were dismissed to their own monastery. Ferrerius again resolved to leave Scotland, and to return to France;

but he recorded, as on a former occasion, the names of the authors on whose works he had been recently engaged in lecturing at Kinloss. They comprised, "Secundum librum de copia Erasmi. Item, Orationem Ciceronis pro Q. Ligario. Item, primum librum Officiorum Ciceronis. Item, Dialecticen Trapisontii. Item, libros decem Ethicorum Aristotelis. Item, Topica Ciceronis. Item, Rhetoricen minorem Melancthonis, cum schematibus. Item, Rhetoricen Melancthonis majorem. Item, Sphaeram a Sacrobosco. Item, Bucolica Virgilii. Item, Georgica. Item, librum primum de copia Erasmi. Item, Arithmeticam nostram. Item, Dialogum primum Physicorum Fabri. Item, Universam logicam Aristotelis, cum praedicabilibus Porphyrii. Item, libros quinque Physicorum Aristotelis. Item, libros duo Politicorum Aristotelis. Item, primi libri Sententiarum decem distinctiones. Item, Epistolam Pauli ad Romanos. Item, quinque primos libros Augustini De civitate Dei."

Ferrerius has not disdained, at the same time, to record the following little unpleasant passage which befell him before his departure, and which may be quoted for the glimpse which it gives of the petty jealousies from which even the cloister was not exempt.

At the departure from Kinloss of the five Beauly monks who had been under the tuition of Ferrerius, he presented to them a gift of some of his books, one of which, as it happened—viz., Plutarch's Lives—was then in the possession of Adam Elder, one of the brethren, to whom Ferrerius elsewhere refers as "optimus juvenis."

Adam not only refused to deliver the volume to the pupil to whom it was presented by Ferrerius, but he boldly asserted that that learned man had not a single book of his own, the whole having been bought with the abbot's money. The answer of Ferrerius to this calumny is given in a letter to one of the monks of Beauly, in which he writes :—

"What you write of Sir Adam Elder does not much surprise me. I had thought, however, that during these days while he drinks milk and water, he would become less foolish; but he goes on, I perceive, in his old way, always like himself. The argument which he applies to my books is like the man himself, weak in the loins; for it does not necessarily follow that books belong to another, although his name may be written on them, just as you and your colleagues, for nearly three years, wore the cowl of the Cistercian order, when you were really of a different profession; for a considerable portion of the books have affixed to them, by Sir James Pont, the name of Abbot Thomas, when they really belonged to Abbot Robert. Besides, it is untrue that all the books were acquired with the abbot's money, for before I ever knew the abbot, I had many books at Paris, and brought more with me at my first coming to Scotland than the abbot himself; then, while engaged at court, I bought not a few books at Edinburgh with my own money; and what I procured at Paris during the last four years, many at Kinloss can attest, who saw those which I brought with me at my second coming; and if all is taken into account, you may conclude that almost a half of the books were bought with my money. Is not the money my own which I had before I came to know the abbot?—or which I afterwards acquired through my own industry? more truly mine than what Adam diverts to his own use, without leave of the abbot, by selling cabbages from his garden. I indeed am of no profession but that of Christ, and what my industry brings to me is my own; but what a monk acquires is not for himself but for his monastery. That I have frequently put the name of the abbot on the books, arises from the love which I bear to him, as though I wished all things belonging to friends to be held in common. But I ask you with what front, with what face, does he daily approach the altar in such manifest and perverse falsehood? May Christ grant that hereafter he may judge more candidly of our affairs, and in the meantime take care, through your sub-prior, again to claim the Plutarch which at your departure I, with a good title, bestowed upon you."

The following notices of other works of Ferrerius will not be regarded as uninteresting, from the light which they throw on the literary tastes of his day, and for the notices which they preserve of eminent Scottish scholars, his contemporaries.[1]

The first is entitled, "Academica de animarum immortalitate, ex sexto M. T. Ciceronis de Republica libro, enarratio: Io. Ferrerio Pedemontano authore. Parisiis, ex officina Michaelis Vascosani. M.D.XXXIX."

[1] They are bound together in a volume, in the Library of the University of Edinburgh.

This is followed by some introductory lines in verse, addressed, "Patrono suo singulari domino Roberto Reid, Abbati a Kynlos in Scotia." The dedication to him is dated at Paris, 13th June 1539.

The second is, "Auditum Visu præstare, contra vulgatum Aristotelis placitum: academica Johannis Ferrerii Pedemontani disertatio. Parisiis, ex officina Michaelis Vascosani. M.D.XXXIX." The dedication is, "Reverendo in Christo Patri, domino Roberto Reid, abbati Cisterciensis familiæ monasterii a Kynlos in Scotia, domino et patrono suo singulari," and is dated at Paris, 1st January 1539. In it Ferrerius is eloquent on the love of letters which had sprung up at Paris. He says—

"Vetus ubique atque Novum Testamentum e theologorum et supremi Senatus matura consultatione nunc in manu est, et in publicis theologorum scholis quotidie magno cum fructu veræ pietatis enarratur. Nunc etiam in precio habentur optimi illi patres, Hieronymus, Basilius, Chrysostomus, Ambrosius, Augustinus, Gregorius, et cæteri hujus ordinis, qui olim magnis vigiliis vias Domini planas facere, simul et indicare conati sunt. Quid dicam de jurisprudentiæ studio, quod sedulitate eruditorum hominum sic restitutum est, ut jureconsulti illi prisci jam possint (si reviviscant) hujus seculi hominibus inuidere? Nunquam major linguarum peritia et copia Parisiis quam hoc nostro seculo, idque munere et largitate regis Christianissimi Francisci, ejus nominis primi, visa est. Tanta est Latini Græcique sermonis copia ubique, ut plerique admirentur quid ita cito

PREFACE.

isthæc fieri potuerint. Hebraica docentur multis in scholis, cum magno sacrarum literarum compendio. Medicina itidem Hippocratis Coi, Galeni, et reliquorum veterum medicorum, beneficio Summi Numinis, atque doctorum hominum studio jam passim restituta legitur, et in usum humanæ vitæ necessarium auspicatissime recurrit. Philosophia verò, hoc est, omnium bonarum artium parens ac magistra, nunquam major, nunquam purior Athenis fuit (absit verbo invidia) quam nunc est Parisiorum Lutetiæ. Quicquid usquam est veterum philosophorum nunc Parisiis cum Latinè tum Græcè legitur. Ubique adest Plato, ubique Xenophon, Aristoteles, Theophrastus, Jamblicus, Plotinus, Proclus, Aphrodiseus, Themistius, Simplicius, et reliqua Peripateticorum Academicorumque philosophorum turba. Mathemata quoque nunc maximè celebria videntur; ut jam desinamus de his rebus, vetustissimis illis scriptoribus inuidere. Nunc enim Euclides totus, vix olim tractabilis ; nunc Ptolemæi opus magnæ syntaxeos, et aliæ cum Geographiæ, tum Astronomiæ apodixes, penitissimè spectantur."

Further on, the author enlarges on the learned brotherhood in Scotland who cultivated the revived learning, and we get glimpses of several names well known in our literary annals.

"Nescio quid aliis contingat, ego tamen apud vos tantam semper expertus sum humanitatem quantam uspiam. Aberdoniis, rector a Kynkell, homo studiosus et politicus, me semper complexus est humanissimè. Idem fecit Hector ille Boethius historiarum vestrarum scriptor nunquam satis

PREFACE.

laudatus: ut interim omittam Arthurum Boethii fratrem germanum, utriusque juris peritissimum: Gulielmum Haye theologum syncerum: ac Jacobum Vane, cum doctore medico peritissimo Roberto Gray. Adde his Joannem Vaus, virum cum literis tum moribus ornatissimum, et de juventute Scotica bene meritum. Quid unquam potero (per superos) scribendo efficere, ut illi mei amantissimo in amore respondeam? Tantus semper fuit in me ornando, ut nemo sit crediturus si vel minimam partem suorum adversum me officiorum hic adnumeravero. Quantam praeterea ubique apud viros nobiles, comites, item Barones: quantam apud praesules, abbates ac priores expertus sim humanitatem, non queam (etiam si velim) dignè satis referre. Non silebo tamen unum abbatem a Glenluss, dominum Valterum Malynne, cui ab humanitate, eruditione, et omnibus bonis virtutibus plurimum debeo. Edinburgi, hoc est in regia Scotorum sunt viri amplissimi consiliarii regis, Jacobus Follisius poeta ad unguem factus: Joannes Campbell ac Thomas Scott: quibus nunquam paria facere queam. De Laurentio Taillefeir, viro gravi beneque literato, ac domino meo Valtero Lyndesaye Rhodiae militiae equite amato, et S. Joannis (ut vocant) domino, praestat silere quam pauca dicere: quando illorum beneficia erga me omnem meam cogitationem superarunt."

The title of the third treatise is, "Cicero, Poeta etiam elegans nedum ineptus fuisse, contra vulgatam Grammatistarum opinionem asseritur: inibique versiculus ille cantatissimus,

O fortunatam natam me Consule Romam.

Diligenter expensus, Joanne Ferrerio Pedemontano authore. Parisiis, ex officina Michaelis Vascosani. M.D.XL."

The dedication is, "R. in Christo patri, D. Gulielmo Stewart Aberdoniarum præsuli in primis suspiciendo, et Regis Scotorum a Thesauris vigilantissimo, domino suo."

It is dated, "Apud Monasterium domini Roberti Reid patroni mei, et Abbatis Cisterciensis familiæ à Kynlos in Scotia. 4 Cal. Decemb. 1534."

In it Ferrerius again refers to the learned men gathered together in the university of Aberdeen :—"Sunt enim multi quos probè (nisi mea me fallit opinatio) novi, qui ab eruditione multiplici, non Aberdoniis tantum, sed et in præstantissima universi orbis Academia, principem locum meritissimè ac præter omnem ambitionem retinere queant. Quid enim, cum in cyclicis disciplinis omnibus, tum historiis, Hectore illo Boethio eruditius simul et elegantius? Quid in sacrarum literarum mysteriis Gulielmo Haye expeditius et jucundius? Ad sublevandas autem corporum ægrotationes, geographiæque peritiam, quid Roberto Gray doctore medico magis aptum atque blandum cogitari potest? In sacrorum verò canonum et pontificiarum legum responsis, non facile invenies quem cum Arthuro Boethio componas. Postremo loco (ut reliquos interim ornatos et peritos viros omittam) quid illo Joanne Vaus nostro in re grammatica et omnibus bonis literis tradundis vigilantius."

The last is entitled, " De vera Cometæ significatione, contra astrologorum omnium vanitatem, libellus, nuper natus et reditus, Johanne Ferrerio Pedemontano authore. Parisiis ; ex officina Michaelis Vascosani. M.D.XL."

This treatise was written in 1531, when it was dedicated to King James V., and was dated at Perth, 15th August of that year. In an appendix, written a few days later, he describes a star, first observed on the 6th of August 1531, by the Franciscans of Perth, and afterwards for many nights by himself and others. He concludes that this star " Halona propius referre videbatur quam Cometem."

The second dedication, dated at Paris 1st February 1540, is to Cardinal David Beaton, Archbishop of St. Andrews, in which, after referring to the false auguries from comets which he had exposed, he says, " Ea propter existimavi me operæ precium facturum si ex tanto intervallo memoriam illius temporis refricarem, partim ut mendaces tunc divinationes confundantur, partim ut meæ erga tuam reverentiam observantiæ significationem literis testatam redderem."

At the request of Mr. William Gordon, secretary to the Earl of Huntly, who had himself sketched an outline of the history of the Gordons, Ferrerius prepared a work, which he entitled "Historiæ compendium de origine et incremento Gordoniæ familiæ." From the dedication to George, Earl of Huntly, it appears that he finished it at Kinloss on the 30th of March 1545. It has never been printed, and a copy of the manuscript is in the Advocates' Library.

In 1574, Ferrerius issued a second edition of Boece's History of the Scots, containing the eighteenth book, and a fragment of the nineteenth, with a supplement by himself, which brings it down to the death of James III., in 1488. A letter dedicatory to James Beaton, Archbishop of Glasgow, is dated at Paris, 20th June 1574 ; and in a notice to the reader he states that he was induced to enter on the undertaking at the request of Henry Sinclair, Dean of Glasgow, and his brother, John Sinclair, Dean of Restalrig.

Some of the lands in the grants to the monastery before referred to were defined by boundaries worthy of remark.

The Charter of Strathisla, granted by King William the Lion,[1] contains the names of places and objects, many of which are quite recognisable at the present day ; and on this subject the following letter, written in answer to my inquiries, by my friend Mr. William Thurburn, banker and solicitor in Keith, will be read with interest :—

"The march begins, as described in the charter, 'a loco ubi Lagyn descendit in Hylef,' etc. This Lagyn is the Burn of Millegan. . . . . By that name the place is perfectly well known at the present day, being a little below the Grange station of the Great North of Scotland Railway, and itself forming a small station or siding on the Banffshire Railway. It is a little to the north or north-east side of the Balloch, or Little Balloch, and a little to the south-east of Nethermills, and in the parish of Grange.

"The description proceeds — 'Ascendendo per album siccum in rubeo musso usque ad summitatem orientalis Belach et per summitatem utriusque Belach, usque eque

[1] Carte Abbacie de Kinlos, p. 5.

ultra fontem qui vocatur Leskyngowin.' The 'album siccum in rubeo musso,' or 'white scurf in the red moss,' is a barren piece of ground covered with white scurf, or stony ground with little or no soil on it, between Millegan and the Grange station. Being an ugly, unproductive, barren waste, it was, a few years ago, planted at the joint expense of the Duke of Richmond and the Earl of Fife, it being just at the march where their properties meet—that is, the Duke's property in Cairnie, and Lord Fife's property in Grange. The plantation is of so recent date that the young plants do not yet conceal the white scurf nor the red moss; but, as they grow up, they of course will. The white scurf is quite close to the Great North of Scotland Railway; or rather, I should say, the railway passes quite close to it. Coming from Aberdeen it is on the right hand side of the line: going from Keith it is on the left.

"The eastern Balloch is what is known as the Little Balloch, and lies partly in Grange and partly in Cairnie. The Balloch itself, or Muckle Balloch, is almost entirely in Keith, though probably on the south side it may dip into Cairnie.

"The Well of Leskyngowin is said to be a spring on the western Balloch; but I do not know of any such spring myself.

"The next point mentioned in the description is 'by Grodok to Isla.' I don't know it at all myself; but it is said to be a stripe that bounds the farm of Cantly on the west.

"The description goes on—' Et sic ascendendo per Hylef

usque Geth, et usque ubi Forgyn descendit in Hylef, et inde ascendendo per Forgyn usque Algarg, et sic usque Aldrochyn ; et ab inde usque Algargadyn.'

"Of course, Hylef is Isla, and Geth is Keith. Forgyn is the present Burn of Forgie, well known.

"Algarg, Aldrochyn, and Algargyn are all unknown; and I find nobody who can recognise either of them.

"Ferthekiner is supposed to be Fearnkeen, which is well known ; but I may say generally that none of the other places subsequently mentioned in the charter are recognisable by any party.

"Generally speaking, I may state that the boundary is very much the present march between the properties of Lord Fife, the Duke of Richmond, and the Earl of Seafield.

"Then as to the places the names of which appear in the Rental of the Abbey of Kinloss. The Mains of Strathisla is, I presume, the present Mains of Grange.

"The Clerk Seat is undoubtedly the farm in Grange, pronounced Clerset, with the accent on the first syllable, but which is spelled Clerk-Seat, but all in *one* word thus— Clerkseat. It is a farm quite close to the Church of Grange. Boghigy I do not know. Thornton is well known. Hauches (called Haughs of Grange, shortly Haughs) is also well known, an excellent haugh farm, not a quarter of a mile from the railway-station, and on the banks of the Isla. Muryfold, equally well known in the same neighbourhood. But I presume I need not go over more of the names. Generally speaking, they are *all* well known, and the farms go by the same names to this day. Over Mylne I do not know; but Nether Mylne is Nether-mills; Millegin; Garwotwood is Garrow-wood; Easter and Wester Cranokis, evidently Easter and Wester Cranach; Easter and Wester Croyletts are Easter and Wester Croylet, on the estate of Edingight. These are all in the parish of Grange. When you come to Glengarrock, Mongrew, Haughs of Kilminitic, Killiesmonth, and Tarmore, these are all in the parish of Keith, and well known.

"Paithnick, Edingight (pronounced Edingeith), Over and Nether Cantlies, Floors, Windyhill, etc., are again all in Grange. By the-bye, there is one I have passed over of some interest—*i.e.*, after Muiryfold, 'Brakhall.' This is evidently *Braco* (Mr. Lumsden's farm), spelled, as you have it, Brakhall. I have no doubt it had in common parlance been pronounced Brakha', and this, by a very simple process, would come to be shortened into Braco, the first title of nobility acquired by the Fife family in the person of William, Lord Braco. It is the adjoining farm to Muiryfold, and in your list it follows it."

The charter of Burgie by King Alexander II.[1] refers to a boundary line, fixed by perambulation, running from the great oak in Malevin, on which Earl Malcolm caused a cross to be marked, as far as the Rune of the Picts, and from thence to Tubernacrumkel, and from thence by the sike to Tubernafein, and thence to Runetwethel, and from that by

[1] Carte Abbacie de Kinlos, p. 9.

PREFACE. xxvii

the rivulet which runs through the marsh to the ford called Blakeford, between Burgy and Ulern.

A contemporary gloss, on a piece of parchment sewed to the charter, explains Tubernacrumkel to mean—"ane well with ane thrawin mowth, or ane cassin well, with ane cruik in it."

Tubernafeyne, "of the grett or Kempis men callit Fenis, is ane well."

Rune Pictorum, "the carne of the Pethis, or the Pechtis feildis."

Malith, "the brow of ane hill."

The late Mr. James Brichan, who to his charter-learning added, in this instance, local knowledge, endeavoured to identify the positions of the places and objects in this charter, and I have thought it proper to reprint here the paper on this subject which he kindly prepared at my suggestion.[1]

"In the REGISTRUM MORAVIENSE (printed for the members of the Bannatyne Club), Appendix, No. 4, we have a charter entitled '*carta confirmationis regis Alexandri II. terre de Burgyn.*' It was printed from a copy of the original, found among the manuscripts of Walter Macfarlane, now in the Advocates' Library. It is dated December 7, 1221.

"In this charter King Alexander grants to the monks of Kinloss 'the land of Burgyn, which Earl Malcom of Fif and Gillebert, Archdeacon of Moray, and Andrew, the son of William Freseckin, and Archibald of Duflus, and Alexander

[1] Proceedings of the Society of Antiquaries of Scotland, vol. ii. p. 147.

and Henry, the brothers of Brice Bishop of Moray, and others his good men, by his order perambulated (*Scottice* 'redd') to them, and by the same boundaries by which they delivered it to them, namely, from the great oak in Malevin, which the foresaid Earl Malcolm at first caused to be marked with a cross as far as the Rune Pictorum, and thence as far as Tubernacrumkel, and thence along a sike as far as Tubernafein, and thence as far as Runetwethel, and thence along the rivulet which runs through the marsh as far as the ford which is called Blakeford, which is between Burgyn and Ulern.'

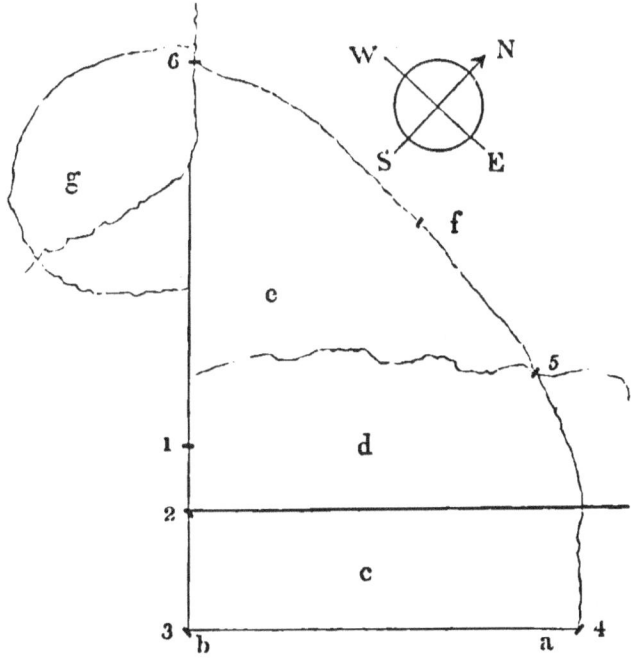

PREFACE. xxix

"[The foregoing diagram of the district referred to, although necessarily not very accurate, will perhaps give some assistance in rendering the following remarks more intelligible than they could otherwise be made. The line a b shows the supposed southern boundary of the ground perambulated; the letter d the ridge named the Hill of Burgie, and its western continuation the Mellan Hill, which may average about 500 feet in height above the level of the sea; c, the sike or bog on its south side, which is rather lower; and there is a gradual slope of some hundred feet towards f and g, the farms of Easter and Wester Laurencetown, on the north.]

"Attached to the original charter was a parchment, apparently written in the same hand, from which Macfarlane furnishes the following translation of some of the above terms :—

"'*Tubernacrumkel*, ane well with ane thrawin mouth, or ane cassin well, with ane cruik in it.

"'*Tubernafeyne* of the *Grett* or *Kemppis* men callit *Fenis* is ane well.

"'*Rune Pictorum*, the carne of the *Pethis* or *Pechts Feildis*.

"'*Malith*, the brow of ane hill.'

"The boundary begins 'from the great oak in Malevin,' No. 1; and 'Malith' (evidently only a component part of Malevin) is interpreted 'the brow of ane hill.' The straight line in the above sketch, marked with the figures 6, 1, 2, 3, represents a portion of the older boundary of the Burgie property, which runs across the ridge still known as the Mellan Hill. Malith is a misreading of Malich, a Gaelic word, signifying the eye-brow, and, of course only in composition with the word represented by the syllable *vin*, signifies 'the brow of ane hill.' A glance at the ridge now known as the Mellan Hill—a prominence somewhat lower than the top of the main ridge—would at once satisfy any one of the propriety of the old name Malevin. It seems scarcely possible to doubt that the 'great oak' must have stood on or near the spot marked in the sketch as No. 1. There are now no remnants of the old oak forests of Scotland on or near the spot, but large trunks of oak have been dug up at various parts of the ridge. It may not be irrelevant to notice that the surname Melvin (so nearly resembling Malevin) is in the neighbourhood of the locality pronounced *Mellan*.

"The next point in the boundary is the Rune Pictorum, or 'carne of the Pechts Feildis.' Its probable site was at or near the spot marked No. 2. No cairn now exists there, but immediately on the west of it there stretches an extensive moor (now partly cultivated), and once abounding with cairns. An old man who had seen many of the cairns, and who was alive in 1851, informed the writer that he understood the moor to be ground which had been under cultivation by the Picts. The writer is unable to pronounce any opinion as to the historical accuracy of such a tradition; but the Hill of Pluscarden, rising to the south-east of the ground in question, is still extensively covered with small cairns, apparently agricultural, though locally ascribed to a different source.

"From the point marked No. 2 (the south angle of the wooded and enclosed part of the Hill of Burgie, shown in the diagram by the line running eastward from fig. 2), the boundary runs straight through a moss, and across a hill which shall be subsequently noticed. At the point marked No. 3, on the south side of the moss, is the well named the *Deer's Peel (Pool)*.

"It would perhaps be too much to affirm that this is the veritable *Tubernacrumkel*—but certainly the *Deer's Peel* corresponds to the very letter with the interpretations of *Tubernacrumkel* given by Macfarlane from the old parchment attached to the Burgie charter. If 'cassin' means 'dug,' the well has every appearance of having been formed with the spade in a spot most aptly described by the Latin word *scaturigo*. It has an outlet '*thrawin*,' or '*with ane cruik in it*,' which is a most singular coincidence, if it is not the well of the charter.

"There are no wells in the locality except that just described, and another named *Willie's Well*. To reach the latter from our supposed *Tubernacrumkel*, leaving the western boundary of the *Burgie* property, we proceed *per sicum* to the point marked No. 4. There we meet a more extensive *scaturigo*, situated in moory ground, in the middle of which lies the well which, in all probability, is the ancient *Tubernafein*. Independently of the interest attached to the ancient boundary now in question, the word *Tuber-*

nafein, as explained above, has an interest of its own. It indicates and commemorates the former existence of a race of men, whosoever they may have been, known in 1221 as the *Kemppis men* or *Fenis* (and still spoken of in some parts as the *Fingalians*), and whose name and memory, even in the thirteenth century, seem to have existed solely in the form thus indicated. To the eastward of *Willie's Well* lies the part of the Hill of Pluscarden above noticed, which is thickly strown with small cairns, locally believed to mark the scene of a battle, but not, so far as is known, covering in any instance human remains.

"The site of *Runetwethel* is a matter of mere conjecture. There is now no cairn in the line of any supposable course which the boundary may have here taken. The point No. 5 is therefore marked as merely hypothetical. But it is known that numerous cairns have been removed from the neighbourhood. *Twethel*, as appears from other documents copied by Macfarlane,[1] was a landholder in the district of Moray, and *Runetwethel* is of course *Twethel's Cairn*. It appears to the writer that *Twethel* is a misreading of *Twechel*. The western portion of the ridge of which the Hill of Pluscarden forms a part, terminates in a rounded eminence 843 feet above the sea-level, named the Hill of Tulloch, lying immediately on the south of the ground marked out by King Alexander's Charter. By a very common transposition *Twechel* in the lapse of ages may have become *Tulloch*. The *Runetwethel* of the charter must

[1] Carte Abbacie de Kinlos, p. 7.

have stood on the slope of the Hill of Burgie, which, though bearing a distinct name, is in fact a part of the same ridge. It may also be noticed here, although not directly bearing on the subject in hand, that the top and southern slope of the Hill of Tulloch are studded with the remains of numerous cairns opening to the east, through the middle of which runs a zigzag dike of dry stone, whether a mere enclosure, a defence, or an ancient *tinchell*, the writer is not qualified to say.

"The remaining part of the old boundary described in the charter of King Alexander runs, as we have seen, from the *Runetwethel* 'along the rivulet which runs through the marsh as far as the ford which is called Blakeford, which is between Burgyn and Ulern.' The rivulet and marsh no longer exist; but *above* Easter Laurencetown there is more than one imaginable channel in which the rivulet may have run; and *below* Laurencetown is a field formerly a marsh, *naturally* drained to the westward, and whose *artificial* drains also take the same direction, which is that indicated in the charter. Following the supposed rivulet and marsh, we thus reach the point No. 6, at which, within the last few years, was an old ford, where the former road from Laurencetown to Forres crossed a small stream decending from the south, and partly forming the old western boundary of *Burgie*. The ford and remains of the old road have now disappeared in the embanking of the stream. The ford had latterly no known designation, but there can be little doubt that it was the *Blakeford* of the charter. It lay, as we have seen, exactly on the boundary of the *Burgie* lands, and was thus situated as described, *inter Burgyn et Ulern*. About the name *Burgyn* there is no difficulty. *Ulern*, though found in that very ancient orthography, is undoubtedly *Blervie*, the old castle and lands of which lie immediately to the west of the ground in question. It is the place at which Fordun and other chroniclers affirm that King Malcolm I. was slain by the men of Moray, and whose name they variously spell *Ulum, Ulurn, Ulrim, Ulroun, Ulerin,* and *Uleryn*. It occurs in its old form but twice in the *Registrum Moraviense*; once, as we have seen, in 1221, when it is spelled *Ulern*, and again in 1238, when it takes the form *Vlerin*.[1] In the same Register it assumes, in the sixteenth century, the form *Blare*, in which it appears also in records of the two following centuries. It is hardly necessary to notice the common interchange of the letters *b* and *v* in words of Celtic origin, or the well-known fact that many, or most, of our modern names ending in *ie* had of old the termination *in* or *yn*.

"It is remarkable that the boundary above traced does not end in the charter, as was usually the case, at the point at which it began. There cannot, however, be a doubt that the remaining portion was that indicated by the line between Nos. 6 and 1, which is still partly the boundary, and which runs in nearly a straight line from the site of the old ford to the *Mellan Hill*, two points distinctly within sight of one another.

[1] Regist. Morav., No. 40.

"The farm of Wester Laurencetown is now part of the Burgie property, and the western boundary of the former is now of course that of the latter. The fair of Saint Laurence was formerly held on the spot marked *e* in the above sketch, and the laird of Burgie was superior of that fair. At a period which the writer has not been able to ascertain, Burgie excambed his privileges connected with the fair for the farm of Wester Laurencetown, belonging to the town of Forres, to which the fair was removed, and at which it is still held. The foundations of the old booths existed till very recently, when they were removed by the present occupant of the farm of Easter Laurencetown. The fair has its name from Saint Laurence the Martyr, the patron of the town and parish of Forres.

"The ground whose boundaries are defined in the charter of King Alexander II. the writer believes to be 'the ploughgate in the *landella of Burgin*, lawfully measured,' granted to the monks of Kinlos by King Malcolm IV. (1153-1165), confirmed to them by Richard Bishop of Moray (1187-1203), and confirmed by King Alexander a second time in 1225, three or four years after the perambulation which is the subject of the present paper.[1] It lies considerably to the south of the modern road from Forres to Elgin (which at that part appears to correspond with the ancient line), and is quite distinct from the grant of another part of Burgie by King William (1172-1178), the latter being described as lying on the *north* side of the King's highway

[1] Regist. Morav. App. Nos. 3, 5.

between Elgin and Forres.¹ It is, however, well known that at *Kelbuthac* (now *Kilbuyack*), the eastern termination of the land granted by King William, the old road diverged from the present line, and ran on somewhat higher ground, and upon the south side of the Knock of Alves, an old hill fort now topped by an insignificant modern tower."

In the charter of certain debateable lands by Abbot Robert Reid, in favour of Alexander Ogilvy of Finlater, dated in 1537, the boundary contains some Gaelic words, with their translations. One of them is described as Auchindathin, on the top of the hill, commonly called "The Temple Stanis;" another is Pollintarf, or "The Bull Pottis." The Well of Tubernaneam is a boundary; as also a cairn called "Baddacarne," and a stone styled "Clachnatreith."²

The fishings on Findhorn, which formed so important a part of the monastic property, were first granted to them by King Robert Bruce in 1310.³

Two confirmations of King Robert's charter appear, the one by King James I. and the second by King James IV.⁴— the last being remarkable for an exception of the fishings of

¹ Regist. Morav. App. No. 2.

² These boundaries are referred to in the charter as in the original grant of Strathisla to the monks by William the Lion. The word Badnagir is the same in both. " Aachindalry " of the king's charter seems to be the "Achindathin" of the abbot's. " Pollintarf " occurs in both, as also " Tubernaneam " and " Clargynloy."

³ Carte Abbacie de Kinlos, p. 28. ⁴ *Idem*, pp. 25, 34.

the Sluy Pool, adjoining the lands of Darnaway, and the reservation for the king's use of three lasts of salmon yearly.

James IV., however, a few years later, made a fresh grant to the monks of their fishings on the Water of Findhorn, which he had recognosced in the time of a plea between the monks and the burgh of Forres regarding them, and included in it a discharge from all payment of the three lasts of salmon reserved in his former charter, but to which he confessed that he had no valid title. The following precept to the Royal Chamberlain explains the transaction:—

" LITERA DICTI ABBATIS ET CONVENTUS IN DUPLICJ FORMA.

" Auditouris of chekkar comptrollare et chavmerlane of murray present and to cum We vnderstand be autentik charteris and euidentis schewin to ws that the abbot and convent of Kinlos is infeft of ald be our maist noble progenitour king Robert Bruse of all the fisching of the water of finderne and albeid we haif in our charter of confirmacioun gevin to thaim thairapoun, reseruit to ws thre lastis of salmond to be pait to ws yerely of the said fisching, we knaw that we haif na richt nor just title thairto And thairfor in discharge of our conscience, we haif renuncit, quietclamyt, gevin our, and dischargit the said thre lastis of salmond to the saidis abbot and convent for euer in tyme cummyng, as our lettrez vnder our grete sele maid to thaim thairapoun proportis It is our will herefor and we charge yow our said chavmerlane present and to cum, that ye ceis fra all intrometting and vptaking of the saidis thre lastis of salmond be ony maner of way in tyme cummyn, dischargeing yow or your deputis of your and thair officis in that part for euer, be thir our lettrez, and that ye auditouris of our chekkar and comptrollare incontinent thir our lettrez sene, defeis, adnul and draw the sammyn furth of our chekker rollis for euer, makand speciall mencioun in the sammyn that we neuer had nor has na richt thairto, for the cause aboue expremit, nor nane vthir our predecessouris efter king Robert Brus, thair infeftare of the said fisching, and this on na wise ye lefe vndone, as ye will ansuer to ws thairapoun, gevin vnder our priue sele at Edinburgh, day and yere foresaid, de litera per dominum. Subscripta per Regem."[1]

By this monarch the town of Kinloss was erected into a burgh of barony.

In the charter of confirmation by James I.[2] there is a clause setting forth the king's desire to promote the welfare and policy of the country, and therefore granting licence to the monks that in the common brewery founded of old in the neighbourhood of their monastery they might bake cakes in the oven or otherwise, and cook flesh and fish as they had occasion, that they might furnish them to travellers and others at their own charges.

---

[1] Registrum Sec. Sigill., vol. iv. fol. 208, MS.
[2] Carte Abbacie de Kinlos, p. 29.

The notices of the earlier abbots which Ferrerius was able to glean are scanty, but they are not without interest; and his lives of the later abbots are full of incident and curious detail. Like other historians, he begins by lamenting the scarcity of his materials; not that he omitted due exertions to obtain information from the best sources. Thus, we find him stirring up the Abbot of Kinloss to apply to the parent house of Melrose for information as to Asceline, the first abbot of Kinloss,—how he came to be sent from Melrose,—how many monks he brought with him,—and what was the early mode of nomination. Then application was to be made to the abbot of Culros with the view of ascertaining who was their first abbot, and the number of his associates, with particulars as to visitations and institutions. The abbot of Cupar was to be written to for details about the abbots sent from that monastery to Kinloss; and for information from the records of the abbey of Deer, Ferrerius applied directly to Robert Stephenson, the sub-prior, requesting to be furnished with excerpts touching the abbots of that house sent from Kinloss, their character for good management, and whether they had been promoted canonically or through ambition.

Towards the end of the fourteenth century we find in the notices of Ferrerius historical facts of some interest.

Thus, of abbot Richard, who died in 1371, we learn that he was the fourteenth abbot. In his time William, Earl of

Sutherland, bestowed on Kinloss the Hospital of St. John the Baptist, of Hebnisden, by a deed dated at Elgin 21st May 1362. Under this abbot Patrick was prior of the house; and, by desire of the abbot, he attended the general chapter of the Cistercians, and made two journeys to Rome touching certain disputed lands.

Adam of Teras, the fifteenth abbot, who died in 1401, is reported to have lived lewdly, and to have had issue in concubinage. It is said that he lost a large part of the lands of Teras, which passed into the hands of the Earl of Moray; and his remains lie under a sculptured stone before the presbytery. He erected the Abbots' Hall, and "invexit pontificalia" under the schismatic pontificate of Pope Benedict XIII. in 1391.

William Blair, the sixteenth abbot, died in 1445, having been abbot of Kinloss from 1401 to 1430, when he also became abbot of Cupar in Angus, where he had been a monk before he was made abbot of Kinloss. In 1419 he deposed John, abbot of Culros, on account of his incontinency; and in his time the abbot of Pontigny came to Scotland on a mission from the heads of the Cistercian Order — "ut tum forte collapsam religionem instauraret."

The next abbot was Sir John Flutere. He lived in office ten years, when, in 1440, he was degraded — "ob parum pudicam vitam." He bought at great cost the silver pastoral staff which the abbots afterwards used at mass. In his time the Cistercians were banished from Pluscardine, and the Benedictines introduced in their place. Two of the Cistercians were sent to Kinloss, one of whom, after showing his base habits, was transferred to the house of Deer, where he died in old age.

John Ellem was the eighteenth abbot, and died in 1467. He brought to the monastery a choice altarpiece, and two silver candlesticks for the high altar, with a third of bronze, at which the gospel is read, as also several dalmatics and chasubles. He built a vaulted entrance to the cloister, and made preparations for building a bell tower, but was prevented by his death.

James Guthry, the nineteenth abbot, was formerly cellarer of Cupar. In his visitation of Culros he compelled Richard Marschell, abbot of that place, to resign— "ob vitae turpitudinem." Guthry was a Bachelor in Theology. He erected the bell-tower which his predecessor had projected, and placed on it a spire; and in his improvements, having fallen short of money, he sold the organs, which were afterwards at Forres, and a bason and ewer of silver, afterwards at Dunfermline. He would also have sold the fine painting of the high altar if he had not been hindered by the vicars of Spynie and Elgin, both of the name of Ellem. After a time he selected William Galbraith to be his successor at Kinloss, but, according to report, simoniacally; for, pretending old age, he squeezed from Galbraith a large sum, in the hope of being made abbot of Cupar, from which he had come. But it so turned out that he could neither retain Kinloss nor obtain Cupar,

f

and he died of chagrin at Forfar in 1482, and was buried there.

Under him was David Eliot, a monk, who purchased or transcribed various volumes of ritual. He also bought for the chapel of St. John the Evangelist an image and chasuble. Another of the monks was William Butter, who, in anger, committed homicide, by striking a boy in the cloister. He went to Rome with another monk, and obtained letters of absolution, a copy of which he sent to the abbot, but neither he nor his companion ever returned.

William Galbraith, the twentieth abbot, was subchanter of Moray when he was selected by James Guthry to be his successor. He was the first who sent to Rome for bulls, for, before his time, the abbots were canonically elected by the suffrages of the monks and the confirmation of the abbot of Melrose. On one occasion the abbot, on his return from the church of Avach, in Ross-shire, with a small company, was taken prisoner by the Baron of Kilravock, on which Sir James Dunbar, sheriff of Moray and bailie of Kinloss, with a band of armed men, set out to procure his release. Hearing of this, however, the laird of Kilravock dismissed his prisoner without bloodshed. The cup of this abbot, with a silver hoop, continued to be used at the abbot's table at Kinloss. He died in 1491, and was buried in the chapel of St. Peter at Kinloss.

William Culross was the twenty-first abbot. He became very corpulent; and after a few years he committed the management of the abbey to Thomas Crystall as his successor. This abbot did little either to add to its wealth or to diminish it. It was his wont to do much with his own hands. He wrote various books of ritual for the house, and laboured even to fatigue in the gardens, in planting and grafting trees, and other work of this nature. He was tolerably devout if he had not given way to fleshly pleasures and venery. He died on the 28th of December 1504, and was laid in the Chapel of St. Thomas.

Ferrerius was contemporary with the next two abbots, and his account of them is minute and interesting.

Abbot Thomas Crystall, the twenty-second abbot, with a natural love of study, had to sacrifice his own tastes to the necessities of the monastery to whose oversight he had been called. Its affairs, indeed, were not in a flourishing condition. The neighbouring proprietors had seized portions of its patrimony, and every one was attempting to appropriate something to himself of what had been destined for sacred use. In this way Abbot Thomas found himself involved in a variety of lawsuits, which called for much of his attention and energy. First of all he gained a victory, after a suit of four years, over the town's people of Forres, who had usurped some of the fishings at the mouth of the Findhorn. Next he obtained redress from the prior of Pluscardine, who had seized on more of the fishings of Fernanen than belonged to him. To this succeeded a laborious contest with Mr. Hugh Martinson, who had obtained from the King a gift of a corody of £170 Scots, payable by the abbot, and who, after a fight of seven years, was glad to compromise his claim. Hardly had matters been adjusted with Hugh, when another opponent appeared in the person of John Cumming of Ernshede. The dispute with him related to the boundaries of their lands; and on a remit to certain noblemen, by the Lords of Parliament, it was adjusted by a perambulation.

The abbot was involved in a litigation of three years with Alexander Bannerman of Waterton, sheriff of Aberdeenshire, regarding the kirk lands of Ellon, in which the sheriff was vanquished.

An affair of greater weight, however, which lasted for seven years, was a dispute with Alexander, Earl of Huntly, regarding the lands of the Balloch, in Strathisla. These were claimed by the earl; but having failed in his attempts he at length renounced all claim.[1] After this the earl's sister, Agnes, who had been married to James Ogilvie of Finlater, put forward a claim to certain of the abbey

[1] A local tradition has preserved a distorted recollection of this dispute. It is believed that in consequence of certain encroachments on the rights of the monks by Thomas Gordon of Ruthven (Tam of Ruthven), one of the illegitimate sons of Sir Adam Gordon, who fell at Homildon in 1402, he was challenged by the abbot to decide the question by the sword, when the abbot was killed and buried beneath a cairn on the shoulder of the Balloch, which is still known as the "Monk's Cairn." It stands on the line which forms boundary between the lands of the Duke of Richmond, the inheritor of the Gordon estates, and those of the Earl of Fife, which are said to represent the territory of the monks; and thus the "Monk's Cairn" is probably the march cairn erected after the abbot's successful suit with the earl of Huntly.

lands in Strathisla; but, by the vigilance of the abbot, it was not pressed.

After this he was involved in strife with the abbot of Deer about the teinds of the lands of Fechil, on the Ythan, which were claimed by both, and after two adverse judgments, one by the heads of the Cistercian houses in Scotland, and the other by the Bishop of Aberdeen, the abbot of Deer had to yield.

A suit with the Earl of Moray touching the fishings in the Findhorn, followed; but, seeing that might was likely to be a more powerful element in it than reason or right, the abbot compromised the matter, and obtained a renunciation of the earl's claim by a payment of money.

These secular cares, however, were not the only ones which oppressed the abbot, for he was called on to restore the decayed and almost irreligious state of the monastery. First of all he endeavoured, by his own good example, to reclaim those of the brethren who were lax; and, where there was little hope from this, he resorted to gentle discipline. Then he increased the number of the monks, which at his coming to Kinloss did not exceed fourteen, to more than twenty.[1]

He had much to do also in the restoration of churches and other buildings. At Kinloss, among other things, he repaired the chapel of St. Jerome, erecting in it three altars

---

[1] Of the nineteen monks whose signatures are attached to the charter of Abbot Robert Reid, dated 28th November 1537 (p. lxiv.), twelve were admitted to the order under Abbot Thomas Crystall.

—one to St. Jerome, another to St. Anne, and a third in the mortuary chapel. He placed also a great clock in the church, and a smaller one which was used as an alarm in rousing the brethren who sing lauds, etc.

He built from the foundation a tower on his barony of Strathisla, with a house at the church of Ellon, and he repaired the churches of Ellon and Avach.

In many ways he showed his great anxiety to add to the ornaments used in divine service in his monastery, bringing from France and Flanders many silver vessels and vestments. He placed three bells in the tower, of great weight and fine tone, with inscriptions to St. Mary, St. Ann, and St. Jerome. In the chapel of the Blessed Virgin he placed an altarpiece, which combined statuary with painting, having another and smaller one in the abbot's chapel for his private devotions.

Moreover, he erected a tomb for himself in this chapel, of dressed stonework.

In 1520 he sent Sir Robert Cumein to Flanders, from which he brought vestments, many of them richly wrought, consisting of copes, chasubles, dalmatics, stoles, and albs. He also procured a mitre, ornamented with gems and pearls.

In the church of Ellon he placed an altarpiece like the one first described, and added several vestments.

To the library which Robert Reid had founded the Abbot made several contributions, including the Books of the Old and New Testament in six volumes, three volumes of St. Jerome's Epistles, besides his whole works in five volumes, two volumes of St. Ambrose, four of St. Chrysostom, one of St. Gregory, one of St. Bernard, several works of St. Thomas Aquinas, and one of St. Augustine. These works, with other books, were placed in the new library for the use of the students in the monastery.

He declined several offers of preferment by the king, one of them being the abbacy of Melrose, another that of Dryburgh, and a third the see of Ross. He was vigilant in the visitations of his order throughout Scotland, and more than once he restored the Houses of Deer and Culros, which had become remiss in their rules.

At the command of James IV., and in virtue of the power committed to him, he denuded William Turnbull of his abbacy of Melrose, and obliged him to retire to Cupar.

Although hindered from his studies by the business of the monastery, he made up for it by his care in the education of more than one of the monks. For, first, he sent Sir James Pont, as a man inclined to learning, to the school of the Blackfriars in Aberdeen, which at that time enjoyed the instructions of John Adamson, a famous doctor of the Dominican order, noted for his piety and knowledge of scholastic theology. The abbot, on hearing of Pont's progress, soon sent Walter Hethon, another monk, who was also imbued with the love of study, to be instructed by the same master. After a time they were recalled to Kinloss, where Pont taught the younger brethren in scholastic questions, and to Hethon was assigned the office of cantor.

The abbot was not slack in works of piety, and both

the Dominicans and Franciscans frequently received of his alms. But much more bountiful was he to men in distress, even of the humblest degree.

To such of his relations and neighbours as were worthy and frugal, he was so munificent that he might well be compared to the bishops of great sees, chiefly, however, showing his interest in providing dowries for young women, that they might be honestly married to good husbands.

While living in his tower of Strathisla during the summer of 1535, he fell into a dropsy, when he was prevailed on by his friends to call for the best medical advice. It was thus that he was visited professionally by Mr. Hector Boece, the celebrated Principal of the King's College and University at Old Aberdeen. Boece at once saw that his patient was past the hope of ultimate recovery, but he administered a few palliatives for his immediate relief.

At the approach of death the abbot frequently besought pity of the most merciful Jesus, and, moreover, he asked pardon of his attendants, if at any time he had been too harsh toward them, in the name of Him who, for us, hung on the tree. Frequently, also, he called on St. Jerome, whom he had chiefly regarded as his patron among the saints, that, cleansed from all the stains contracted in this world, he would reconcile him to the Lord Jesus. Towards the end, when speech failed him, he continued to kiss the crucifix, and, with his uplifted hands, to fortify himself with the sign of the cross. In the midst of these acts of piety he yielded up his soul to Christ on the night of the 30th

December 1535. On the following day his body was brought to Kinloss, and at night was laid in the tomb which he himself had prepared.

Robert Reid, the next Abbot, was born at Akynhead, his father being John Reid, who fell at the battle of Flodden, and his mother Bessie Schanwell. He was educated at the University of St. Andrews, and resided with his uncle, Robert, official of that see. At a proper age he was elected sub-dean of Murray, and in 1526 he was selected by Abbot Crystall as his successor at Kinloss.

During the autumn of 1528 Reid, then designed Sub-dean and Official of Murray, Vicar of Gartly and Bruntkirk, and Vicar of Kirkcaldy, was anointed as Abbot of Kinloss, in the church of the Greyfriars, at Edinburgh, by Gavin Dunbar, Bishop of Aberdeen, and returning to Kinloss, he was installed in the usual manner, and received the profession of the monks. He immediately revived an almost forgotten suit against the people of Forres, about part of the lands of Burgie, and gained it. By his means, also, the Abbey Lands were erected into a burgh of barony. In the year 1530 he received a gift of the Abbey of Beauly in commendam. In 1533 he was sent by the king, along with William Stuart, Bishop of Aberdeen, on an embassy to Henry VIII. for a peace between the English and Scots, which was arranged. After this he was despatched alone to the English king, and happily concluded the business entrusted to him. On various occasions he received from Henry gifts of many silver vessels. He was twice sent by the king to France on missions to Francis I., touching the marriage of King James V., first in 1535 and again in 1536.

In 1541 Reid was sent with the bishop of Aberdeen on a mission to the king of England about the disputed marches between the two kingdoms, and in the following year he was appointed by the Scotch king, along with Lord Erskine, an arbiter in the same business.

In the year 1538 he erected a spacious fireproof library at Kinloss. He brought to a favourable issue a suit begun sixty years before, against the laird of Finlater, touching some disputed ground in Strathisla, and he overcame the sheriff of Moray and the townspeople of Forres about disputed fishings in the Findhorn.

At the same time he adorned his monastery with many new buildings. In 1540 he built the nave of the church of Beauly, and restored the bell tower, which had been destroyed by lightning. In 1544 he removed the ruinous house of the prior at Beauly, and in its place he erected a noble, spacious house, with six vaults in the basement.

On the death of Robert Maxwell, Bishop of Orkney, a recommendation in favour of Reid as his successor was immediately sent to Rome by the king, in the following terms :—

" Rodulpho Cardinali Carpensi.

" Episcopus Orchadensis e vita nuper excessit. Orchades sunt insulae fere sub polo, non longe a Norvegia, Dania,

Germaniisque sitæ ; hac forsan de causa Catholicæ fidei legumque minus observantes. Propterea nos Robertum de Kinloss Abbatem Cisterciensem virum nobis undiquaque perspectum qui illa incommoda perfacile resarcire poterit, Sanctissimo præsentamus, qui retentis omnibus quæ nunc habet, etiam iis ad quæ jus habet beneficiis eidem Orchadensi sedi præficiatur : de cujus tamen proventu, pensionem octingentarum nostrarum mercarum Johanni Stewart, a nobis naturaliter suscepto, septimum vel circiter agenti annum, a Sanctissimo tribui postulamus. Est et aliud effectum cupimus, ut hujus Roberti Cisterciensi habitu prorsus extincto, ipsi per Sedem Apostolicam liceat Episcopalem prehendere et deferre habitum quo commodius nobiscum et inter Insulanos versari possit.[1] — Ex Sterlingo, 5 April MDXLI."

It will be seen from this letter that the king's design was that Reid should retain all his existing preferments, and that he should provide a pension of 800 marks to his majesty's natural son, John Stewart. No doubt this arrangement was carried out, in so far that Reid continued in the receipt of their fruits; but his nephew Walter was admitted to the office of abbot of Kinloss in 1553,[2] and is spoken of by Elder as such in his letter dedicatory to Robert Reid, dated in 1558, where the latter is styled simply Bishop of Orkney.[3] That he retained the title how-

---

[1] Epistolæ Regum Scotorum, vol. ii. p. 85, Edin. 1724.
[2] Smyth's Chronicle, p. 12. [3] Appendix, p. 66.

ever, appears from his book-stamp, dated in the same year, wherein he styles himself abbot of Kinloss, as well as bishop of Orkney.

He brought from France a gardener who was expert in the planting and grafting of fruit trees, and who left tokens of his skill not only in the gardens of the abbey and the neighbourhood, but throughout the whole of Moray. Of him Ferrerius adds, that his only defect was the want of one of his feet, which he lost in a sea-fight against the Spaniards near Marseilles. He was also skilled in surgery, and was often applied to for the dressing of wounds by people from all parts of Moray.

In the year 1538 he invited to Kinloss a celebrated painter, Andrew Bairhum, who for three years was occupied in painting altar-pieces for three chapels in the church— namely, those of the Magdalene, St. John the Evangelist, and St. Thomas of Canterbury. He painted also, but in a lighter style, the chamber and oratory of the abbot.[1]

On receiving the charge of his distant see, he soon set to work to add to and improve the cathedral buildings at Kirkwall. "He caused to be built a stately tower to the

[1] What is thus here indicated seems to have been fresco painting, and although, according to Ferrerius, it was in common use throughout Scotland when he wrote, yet so complete has been the destruction of the old churches of the country that a figure of St. Ninian recently brought to light on the wall of the ruined church of St. Congan, at Turriff, is almost the solitary specimen left to us of a style common immediately before the Reformation Besides the chapels referred to in the text, we find notices of those of St. Andrew, St. Laurence, St. Peter, and the Holy Rood.

PREFACE.   liii

north end of the bishop's palace, where his statue, in stone, is as yet remaining, set in the wall. He greatly enlarged the cathedral church, adding three pillars to the former fabric, and decorating the entry with a magnificent porch. He moreover built St. Olaus' church in Kirkwall, and a large court of offices, to be a college for the instructing the youth of the country in grammar and philosophy. He made a new foundation of the chapter, enlarging the number of canons, prebendaries, and other offices, and settling large and ample provisions on them."[1]

In 1544 we find Reid preparing for a voyage by sea from Kinloss to his diocese of Orkney, and about the same time Ferrerius, from whom we get no farther information about his patron, was arranging for his own return to France. In 1551 Reid was one of the Commissioners who arranged a peace between England and Scotland. In 1554 he was named one of the curators of the young king. In 1555 he was appointed a commissioner for the introduction of a universal standard of weights and measures. In 1556 he was sent as a commissioner to Carlisle for adjusting the disputes of the Border; and in 1558 he was despatched by the Estates to France as one of their commissioners to consent to the marriage-contract, and witness the marriage of Mary with the Dauphin of France. On his return he died at Dieppe on the 15th of September 1558.

[1] An Account of the Islands of Orkney, by James Wallace, M.D. London, 1700. The deed of foundation is printed in "Rentals of the Ancient Earldom and Bishoprick of Orkney," by Peterkin, App. p. 18, Edin. 1820.

It must not be forgotten that to the liberality of Reid is owing the foundation of the College of Edinburgh. He left 8000 marks for that purpose, whereby the magistrates of Edinburgh were enabled, in 1581, to purchase from the last Provost of the Kirk of Field the ground on which the first buildings of the University were afterwards erected.

Ferrerius tells us of the library erected by Abbot Robert Reid, and of some of the books with which it was adorned, and Elder dwells on his literary tastes and his love of good books.

Of the books collected by Reid at the time of his last visit to France, two now belong to me. One is a volume of the works of Wicelius, a German divine, who at first joined Luther, but becoming disgusted, went back to his old church, for which Luther persecuted him and procured his imprisonment.

His writings seem to have commended themselves to those of the Reformed who were desirous of some comprehensive scheme which should keep in one communion the members of the Roman and Protestant Churches.

William Forbes, the first Bishop of Edinburgh, often said that if there had been more like Cassander and Wicelius, there would have been no need for Luther and Calvin; and it is interesting to find that such works engaged the attention of some of our Scotch Prelates of the old faith.

On the boards of the volume is the book-stamp of Reid.

It is of an oval shape, having in the centre the family crest of the Reids—a stag's head, surmounted by a mitre, with

the motto "Moderatè" underneath. Surrounding this is the inscription. ✠ ROBERTVS REID . EPVS . ORCHADEN . ET . ABBAS . A . KYNLOS . 1558.

The other volume, printed at Basle in 1556, contains the History of Venice by Cardinal Bembo, and has the same book-stamp on the boards.

After the death of Reid the volume of Wicelius seems to have become the property of John Leslie, then official of the see of Aberdeen, and afterwards Bishop of Ross, the well-known adherent of Queen Mary, from whom it passed by gift to William Gordon, Bishop of Aberdeen. This appears from the following inscription in a contemporary hand, "Liber Reverendi Patris Vilhelmi Gordonii, Episcopi Aberd. Ex dono Johannis Leslie, Episcopi Rossen. moderni."

Another volume, acquired by Bishop Reid at the same time, now forms an item of the great literary stores belonging to Mr. David Laing. It is entitled " Fasti et Triumphi Romae a Romulo rege usque ad Carolum V. Caes. Aug. sive Epitome Regum, Consulum, etc. Onuphrio Panvinio, Veronensi, F. Augustiniano, authore. Venetiis. Impensis Jacobi Stradae Mantuani. M.D.LVII."

Walter Reid, the last abbot of Kinloss, was one of the dignitaries of the old church who subscribed the first covenant in 1560, at which time he must still have been comparatively young, as he was a student in the schools at Paris in 1558, and by him a great part of the abbey lands of Kinloss, as well as those of the priory of Beauly, were alienated. He married Margaret Collace, a daughter of the house of Balnamoon, by whom he had several children. On 5th July 1583 he granted a deed of demission of the abbacy of Kinloss, teinds, fishings, and profits thereof, to the end that Mr. Edward Bruce, then designed parson of Torie, might be lawfully provided thereto, reserving his own liferent. He was alive on 16th April 1585, when he granted a charter to Thomas Dundas of some acres of land about Kinloss,[1] and he was dead on 1st January 1589, when, in a submission signed by Margaret Collace, she is described as relict of Walter, abbot of Kinloss.

In virtue of deeds granted by her husband, Margaret Collace came to be possessed of the abbey of Kinloss, with

[1] Inventory of Title-Deeds of the Baronies of Lethen and Kinloss; for the use of which I am indebted to Mr. J. C. Brodie of Idvies.

portions of the abbey lands and salmon fishings, while Mr. Edward Bruce obtained a royal charter of the salmon fishings on Findhorn and others, after the Act of Annexation of Kirk lands to the Crown in 1587.[1]

Under these grants a conflict of interests occurred, which led to a reference of the incident disputes to arbitration.

By the submission already referred to, 1st January 1589, betwixt Margaret Collace, relict of Walter, abbot of Kinloss, for herself, and as taking burden upon her for James, Christian, and Ann Reid, her lawful bairns gotten between the said Walter, abbot of Kinloss and her, on the one part, and Edward Bruce, now styled the abbot of Kinloss, and one of the commissaries of Edinburgh, on the other part—" they submitted to certain arbiters therein named, and to Sir John Cockburn of Ormiston, one of the senators of the College of Justice, as odsman and oversman, chosen by the said parties, all difference betwixt the parties, and their several rights to the precinct of Kinloss, and salmon fishings of the same;" and on 19th March following a decreet-arbitral was pronounced by Cockburn, whereby it was found that the said Margaret Collace and her heirs had right to the mains of Kinloss, the lands of Muirtoun, with the mansion-house thereof, the town and lands of Findhorn, with the fishings thereof, and salmon fishings on the said river; and the said Margaret Collace, for 3600 merks paid to her by the said Edward Bruce, was ordained to transfer to him her right to the salmon fishings called the stells, on

[1] Inventory of Lethen Title-Deeds.

lviii PREFACE.

the water of Findhorn, and also to "void and red" to him the mansion and manor-place of the abbey of Kinloss, etc., and to deliver to him the common seal thereof, "because she granted the same to be in her hands;"—all which she did by a procuratory of resignation on 16th April 1608, in favour of the said Edward then Lord Bruce of Kinloss.[1]

On 2d February 1601, a charter was granted to the said Edward Bruce, designed commendator of Kinloss, by the Crown, erecting the barony of Kinloss, and other lands of the abbey, into a temporal lordship and barony, to be called the lordship and barony of Kinloss.

In 1604, by a patent dated on 8th July of that year, the King created Sir Edward Bruce, Master of the Rolls, Lord Bruce of Kinloss, with voice and seat in the Parliaments of Scotland. This deed is remarkable for having passed under the Great Seal of England as well as of Scotland; on which Mr. Riddell, by whom the patent was brought to light, remarks: "The double form may have been somewhat in keeping with the *status* of the patentee, as in his monumental inscription, which is still extant in the Rolls Chapel, he prides himself upon being *et Scotus et Anglus*, owing to his Anglo-Scottish *Bruce* descent."[2]

He obtained from the Crown a new charter of erection of the same subjects on 3d May 1608, with the title, order, honour, and state of a free baron and lord of Parliament, under his title of Lord Bruce of Kinloss.[3]

[1] Register of Acts and Decreets, MS. Gen. Reg. House. Vols. 528, 583.
[2] Riddell on Peerage and Consistorial Law, vol. i. p. 252.
[3] Lethen Inventory.

PLAN OF KINLOSS ABBEY, MORAYSHIRE

He was succeeded, in 1611, by his son Edward, second Lord Bruce of Kinloss, whose memory will ever be connected with the duel between him and Sir Edward Sackville, in which he lost his life.

At his death, in 1617, his brother Thomas came to the succession as third Lord Kinloss, and in 1633 he was created Earl of Elgin.

By him the abbey of Kinloss, with salmon fishings on Findhorn, were conveyed to Alexander Brodie of Lethen, in 1643. It is said that at this time considerable portions of the monastic buildings remained entire, but that they were ruined in 1650, when part of the walls were sold by the laird of Lethen as materials for building the citadel of Inverness, while another part was used in the erection of farm-offices by one of his descendants.[1]

It would seem that the chapter-house of the abbey had been used from the Reformation to this time as a place of worship, and that, after the other parts of the fabric had been taken down for removal to Inverness, it was proposed also to remove the chapter-house. This gave rise to some proceedings in the Presbytery of Elgin, with the view of saving the chapter-house, seeing " it is agreed that there shall be a church and special parish erected for Kinloss and the people thereabouts, who are now almost without the means of the gospel." The answer given by the laird of

[1] A marginal marking on one of the pages of the manuscript of Ferrerius in the Advocates' Library records that " the stepell of Kynlos fell the fyft day . . . 1574."

Lethen was, "That it was against his will that these stones were taken away, and he agreed to build a manse and church with the money he received for the stones of the abbey, and also to give a sufficient glebe off the lands of Kinloss."

There still remain a few ruined walls and arches of the monastery to keep up the memory of its old magnificence; and the dykes of the neighbouring farms bear witness that all the carved stones were not carried to Inverness.

It is not easy now to reconstruct a ground-plan of the abbey, but Mr. M'Bey, land surveyor, Elgin, has been so good as make the attempt, and a copy of his sketch is now given at page lviii.

The character of the arches remaining in the south walls[1] will readily be understood from the heliotype impressions of photographs by Mr. Anderson of Elgin. It may be inferred from the mouldings that these arches form part of the original structure.

Part of what I have just referred to are the ruins of a large house, known as the Abbot's House, of which a gable and circular tower on the south-east are still standing. Perhaps these may be ascribed to the year 1537, when, among the improvements then recorded, we read of "identidem ad fornices magni cubiculi abbatis cum aulae suae instauratione" (p. 51).

Above the doorway of the tower is a sculptured stone, bearing the arms of Robert Reid, and the letters R. R., as

[1] Marked on the plan A and B.

A. ANDERSON, Photo., Elgin.   HELIOTYPE COMPANY, London.

represented in the following woodcut, from a photograph by Mr. Anderson.

Katherine Reid, the Abbot's sister, was married to Alexander Dunbar,[1] subchanter, and afterwards Dean of Murray. By their contract of marriage, dated in 1561, the Abbot became bound to infeft the said Katherine and her heirs in the lands of West Grange, in the Barony of Kinloss

[1] Alexander Dunbar was admitted one of the Judges of the Court of Session in August 1560. On 7th January 1579 the Lords excused " Maistir

(p. lxx.) By a charter dated at Kinloss 21st September 1566, Abbot Walter Reid conveyed to Mr. Alexander Dunbar, dean of Murray, and Katherine Reid his spouse, whom failing, to the heirs whomsoever of the said Katherine, the lands of Mekle Burgie, in the barony and regality of Kinloss. By another charter, dated at Elgin 23d January 1589, the said Mr. Alexander Dunbar, with consent of Katherine Reid, his spouse, conveyed in favour of their son Robert Dunbar, whom failing, to his brother-german, Thomas Dunbar, whom failing, to the heirs of the said Robert, the lands of Burgie, with the mansion and garden thereof, also Littill Burgie, otherwise called Lowriestoun, and Bogharbrie, reserving the granter's liferent.[1]

In the old tower of Burgie is a carved stone, quartering on a shield the arms of Dunbar with those of Reid, with the letters A. D. and K. R., for Alexander Dunbar and Katherine Reid. Under a belt, surrounding the shield, are the letters R. D., for Robert Dunbar their son, and the

Alexander Dunbar, Dene of Murray, as now absent, and dare not repair to thir partis threw deidlie feid and enmity standing betwein him and his chief, the Laird of Cumnok, and utheris, the friendis of the surname of Innes, conform to his supplication direct to the Lord President." In 1587 he set forth that " he is becum subject to sindrie infirmeties in his persoun, sua he is not able to continew in the service, albeit gude will inlakes not ;" and in that year he was succeeded as judge by a brother of the Laird of Raith. He died in 1593. (Senators of the College of Justice, p. 103 Edinb. 1849.)

[1] These deeds are engrossed in two charters of confirmation under the Great Seal, dated respectively 10th December 1570 (lib. 32, No. 39) and 10th May 1590 (lib. 38, No. 186).

motto, MANET IMMVTABILE VIRTVS. The date, "1602 ZEIRIS," is probably a later addition, as Alexander Dunbar died in 1593; and the stone may be the record of additions to the tower completed about the time when the charter in favour of Robert Dunbar was granted.

The above woodcut, from a photograph by Mr. Anderson, is a representation of this stone; and in the walls surrounding the modern house of Burgie other carved stones, of a somewhat later date, formerly in the old tower, have been inserted.

lxiv   PREFACE.

The possessions of the priory of Beauly were alienated by Abbot Walter in the year 1571.[1]

To the charter of "the debateable lands," granted by Abbot Robert Reid in 1537, are appended the subscriptions of the abbot, and nineteen monks, some of whom are noticed in Ferrerius' Life of Abbot Thomas Crystall.

Two of the subscribers are John Smyth and Adam Elder, and all the signatures are represented in the annexed facsimile, carefully prepared by Messrs. Johnston.

Smyth was admitted to the order by Abbot Thomas, and he is described by Ferrerius as "nuper supprior jam monachorum confessor, simul et bursarius." The Chronicle written by him, and now for the first time printed, begins at the creation, and after recording some of the remarkable events in the history of the Jews and Romans, the missions of St. Palladius and St. Patrick, the coming to England of the Saxons, the mission of St. Augustine, the advent of the relics of St. Andrew into Scotland (A.D. 661), he comes to the time of Malcolm Canmore, whose ascent to the throne is noted, as well as his marriage and the birth of

---

[1] Through the courtesy of Lord Lovat, I have had the opportunity of examining a series of charters granted by Abbot Walter Reid of the lands of the Priory of Beauly, and I have given an abstract of a few of the more interesting of them in the Appendix to the Preface (No. IV). Two of these documents exhibit the steps by which, in the chaotic condition of ecclesiastical affairs in Scotland during the early part of the reign of James VI., Mr. John Fraser was instituted to the office of Prior of Beauly, on the resignation of Abbot Walter, the last canonical occupant, who had just concluded the alienation of great portions of the Priory lands.

Ego fr Nicholaus Bealles subpllo
Ego fr Rychard ... subpllo
Ego fr Jacobus portar
Ego fr gulielmus foshet
Ego Nicholaus lynll
Ego fr adam ...
Ego fr Thomas Browne subpllo
Ego fr Jacobus burt subpllo
Ego fr adam ...
Ego fr Johannes ...

Robertus abbas kinloss
frater david spens
frater andreas hay abb...
Ego frater Jacobus ...
Ego frater Johannes ...
Ego frater Mathew subpr[ior]
Ego frater ...
Ego frater thomas sinclar subp[rior]
Ego frater ...
Ego frater ...

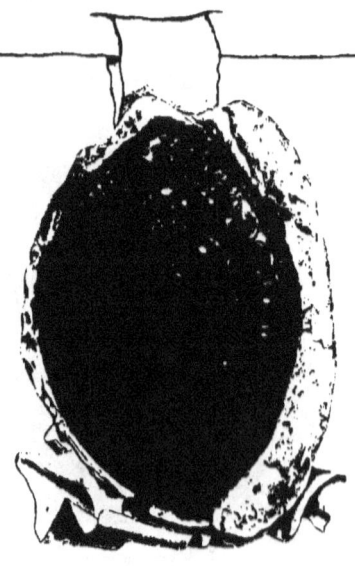

his children. After that occur the dates of the foundation of various monasteries, and of many battles, skirmishes, and national events, probably gleaned from Fordun and Boece.

When the writer comes near to his own day the entries are fuller. Thus, in 1515, he narrates the details of John Gordon's breaking into the church at Kinloss, and in 1517 his burial there, " ubi fieri solet cerei paschalis benediccio."

In 1529 we hear of the fine books brought from France by Robert Reid, at the request of his predecessor.

In 1534 we have the burning of the tower of Daviot by the Mackintoshes, and the horrible slaughter in the church of Dyke, with the sanguinary measures against the clan Chattan to which they led.

In 1542 the writer records the death of his father, John Smyth, and, two years later, that of his mother, Janet Dawson; both of whom were buried in the chapel of St. Lawrence. In 1544 he records the burial of James, Earl of Moray, at Kinloss, before the high altar, in the middle space between the "gradus confessionis," and where the paschal candle stands.

In 1513 Abbot Thomas furnished the church with an Epistolarium and many vestments; and added farther gifts of the same description in 1520.

In July 1528 an unprecedented inundation at Kinloss is recorded, which filled the refectory, the chapter-house, and the cloister, with water.

In 1529 Robert Reid assumed the Cistercian habit at the hands of the Bishop of Aberdeen, after which he came to

Kinloss, and received the profession of the monks; and there was an earthquake in this year.

In November the cloister of Kinloss was reconciled by the Bishop of Ross, who blessed the greater eucharist. The pestilence prevailed this year in St. Andrews, and at Edinburgh in the following one.

In 1541 a violent wind destroyed the bell-tower and the bells at Beauly, and caused much damage throughout Ross and Moray.

In 1545 the pestilence was again general, many of all ages being carried off by its ravages, as well as divers monks, among whom was John Johnson, of the order of Friars minor in Edinburgh.

In 1547 the fatal fight of Pinkie is recorded. In 1553 the cloister of Kinloss was again reconciled by the Bishop of Orkney; and in the same year Abbot Walter received the profession of the monks. Ten days afterwards he was solemnly inducted and blessed by the bishop of Orkney, in presence of the lairds of Innes, Duffus, Waterton, and Auchterellon.

In July of the year 1556 a storm of thunder and lightning occurred, with such hail as was heretofore unknown in the country, destroying crops, cattle, and houses in Inveravon and Strathisla, as well as other parts of the country.

Finally occurs the entry, in another hand, of the death of John Smyth, the writer of the diary, on 17th December 1557, in the sixty-fifth year of his age, describing him as a man of the highest probity and religious zeal. He was buried near to his parents, fronting the entrance of the chapel of St. Lawrence and St. Bernard, where he used to celebrate while living.

The MS. volume in the Harleian collection, in which the Chronicle occurs, is a transcript of the sixteenth century. It contains in the beginning several documents dated in 1534, connected with a visitation of the monastery of Melrose, and the reform of the vice of possessing private property, of which the monks were accused.

The conclusion of one of the answers given to the commissioners by the monks, betokens a declension from the original fervour and strictness of the Cistercians, "Sequitur quod ad stricciorem vivendi modum, seu ad istam innovationem simulate reformationis, minime tenemur, quum sufficiat bene vivere, et ad perfeccionem tendere, non autem perfecti esse, juxta psalmistam 'Declinando a malo et faciendo bonum.'"

This is followed, at folio 18, by copies of records relative to the institution, in 1532, of "ane college of cunnyng and wyse men" by James V. for the administration of justice in all civil actions, after which occur various orders and regulations connected with the mode of procedure. At folio 44 Smyth's Chronicle begins,[1] and goes on to folio 60, after which is the office of the Mass; the concluding entry, in another hand, being "Obiit Andreas Baxstar, anno 1569, 27 Martii, et sepultus in templo 28 ejusdem."

---

[1] The dates of foundation of certain Cistercian houses, and of the commencement of certain Orders, printed on page 12, occur on folio 1 of the MS.

Robert Reid was appointed one of the judges of the Supreme Court, at its first meeting, in place of Robert Schanwell, vicar of Kirkcaldy, his uncle, and it is not unlikely that the different manuscripts in the volume had originally formed part of Reid's collections.

Adam Elder, the author of the Chapter Discourses, is mentioned first of all as "juvenis optimus," when he was admitted a monk by Abbot Robert Reid. He fell considerably in the estimation of Ferrerius, at least for a time, when the misunderstanding, already noticed, occurred between them about the gift of a book by Ferrerius to one of the monks of Beauly.

That he was selected by the Bishop of Orkney as tutor to his nephew, the boy abbot, is no small testimony to his capacity and worth. In the beginning of 1558, while engaged in the oversight of the youthful prelate in his studies at Paris, he addressed to his uncle the bishop a dedicatory epistle, prefixed to his printed volume of discourses. From this we find that two of his letters, written about six months previously, had miscarried, and that in these he had conveyed to the bishop a very favourable report of the progress made in his studies by the Abbot Walter, both in the Greek and Latin languages, and in philosophy, as well as of his exemplary conduct in general. In them he had also requested the bishop to send to Paris the manuscript which he had left at Kinloss of certain chapter discourses delivered by him when a youth, and while he was occupied with the studies of the novices at Kinloss and

Beauly. After waiting for upwards of a year, however, and when he had given up all hope of receiving his discourses, he was surprised to get a fragment of the collection, sent apparently without the bishop's orders or knowledge, and so mutilated and blotted that he could hardly recognise his own work. He was easily induced, by the approval of others, to arrange and print those which remained, although less full and well ordered than in their original shape, while his gratitude to the bishop prompted him to dedicate the work to him, not as if such a trifling work could add anything to a name already so bright, but that he might testify his gratitude to one to whom, after God, he owed at once himself and all that he had. (Appendix to the preface, p. 66.)

Scotch pre-Reformation discourses are so rare that I have thought it permissible to print two of Elder's, as specimens of his work. In the first, delivered on the festival of St. Bernard, the author gives a sketch of the life of this great saint. He then proceeds to exhort his pupil, the youthful abbot, as his reverend father, to fulfil the duties of his office. These, he says, were arduous and weighty, reminding him that he had of his own will assumed the care of many souls, of which, as well as of his own soul, he would at last have to render a strict account to God, He tells him how great would be his danger if he did not improve the talent committed to him, and exhorts him so to direct all his actions that it may be well with him at last. For his models he advises him to look in the first place to St. Benedict and St. Bernard; but as even St. Bernard failed to persuade many of the abbot's rank while he was alive, so he will pass over the old Fathers, and hold up to his imitation the example of a living one—their Reverend Father Robert, Bishop of Orkney. He then portrays in detail the character of this prelate, both in its public and private aspect, and shows how consistently good he was in all things. He reminds his auditors how the good bishop lived in retirement, when he could be free from the cares and necessary occupations which beset him; how he enjoyed the reading of the Scriptures, realising in daily meditation the sweetness of the Lord, and storing himself with the food which he might impart to his sheep. Possessed of the honours and riches of this world, he used them all as one who had to give account; he was neither puffed up by them, nor did he set his heart on them. He recalls to their minds, from the experience of many years, the Bishop's fatherly care and tenderness towards the stranger and the desolate; and, addressing the young abbot, he asks him what all this is but to be a true monk—to be in the world, but to renounce worldly things. He then dwells on a few of the traits of the Bishop's goodness, such as his works of charity to the poor, his settling dowries on young women of humble fortune,[1] that they might be settled in honour-

---

[1] An instance of this kind of liberality of Bishop Robert Reid is preserved in a contract of marriage between Alexander Dunbar, Dean of Murray, and Katherine Reid, dated 10th February 1561, whereby Walter, abbot of Kinloss, on the ground of the intended marriage between the said Alexander,

PREFACE. lxxi

able marriage; his munificent support of promising youths in following out their studies; his own great love of literature, and his sympathy with those who cultivated it. He recommended the abbot to make use of the library which the Bishop had founded at Kinloss; for the bishop, among his works of improvement, decorating churches, castles, and other buildings, regarded before all, good books, and still continued, without thought of expense, to collect them. He concludes with a renewed exhortation to the abbot to imitate his good uncle; encouraging him with the thought that if he will do so he will possess a family of sons in Christ, not only vigilant and obedient but mindful of his labours and watchings; who, while they lived, would pray for him to Christ the Chief Shepherd, not ceasing to sing—

> Ergo pia ob studia et magnos durosque labores
> Ille Deus pacis det tibi pace frui
> Concedatque tuis succedant omnia votis :
> Et bona successus adjuvet aura tuos.

---

and Katherine, the abbot's sister, became bound to infeft the latter and her heirs in the lands of West Grange, in the barony of Kinloss. Katherine was also provided in certain sums of money as tocher, "and that by and attour the one thousand merks, the quhilke the said Katherine hes, siller in her awin hand, left to tocher be ane reverend Fader in God umquhile Robert, Bischopp of Orkney, her Fader-brither."—(Extract of the contract of marriage, in the possession of Captain E. Dunbar-Dunbar of Seapark.) Helen Reid, a sister of Katherine, was mother of Adam Blackwood, the antagonist of Buchanan, and defender of Queen Mary. Blackwood having lost both his parents while he was a youth, the Bishop of Orkney undertook the charge of his education, and sent him to the University of Paris. (Lives of Scottish Writers, by Dr. Irving, vol. i. p. 162.)

lxxii PREFACE.

The second discourse was delivered on the feast of Corpus Christi, and led the teacher, in the course of it, to denounce the doctrines which he attributes to Luther, Zuingle, Bucer, and other "diaboli ministri fidelissimi."[1]

The history of the abbey is rendered remarkable by two visits paid to it by King Edward I. of England, and his grandson King Edward III.

The first monarch, after over-running the north of Scotland, reached Kinloss in September 1303, where he remained for ten days.

During his stay there the king issued various letters and writs, ranging in date from the 19th to the 23d of September,[2] but the principal feature of his visit handed down in the traditions of the monastery is the consumption by the English of sixty chalders of malt in the brewing of ale.[3]

It was at the time of his march to relieve the beleagured countess of Atholl and her garrison in the castle of Lochindorb, and after raising the siege, that Edward III.

[1] The volume containing Elder's discourses is a rare one, and I am indebted to the Reverend the President of Blairs College for the use of a copy in the library of that institution, which once belonged to Thomas Innes, author of the Critical Essay. The title of Elder's volume is, "Adami Senioris, Scoti, Monachi Ordinis Cisterciensis, Monasterii Kynlossensis, ad Reuerendum in Christo Patrem ac Dominum, Dominum Robertum Reid, Orchadum Præsulem, Strenae, sive Conciones Capitulares. Parisiis. 1558."

[2] Rymer's Fœdera, vol. i. p. 959. Lond. 1816. Calendarium Rotul. Patent. de Anno Regni Edwardi Primi, p. 63.

[3] Ferrerius Histor. Abbatum, p. 27. Bann. Club.

reached the abbey of Kinloss, on the 12th of July 1336. Here he found store of wine, ale, salted fish, corn, and other necessaries, from which the English were, according to a contemporary account, "refecti et non modicum consolati"[1]—benefits which they ill requited by burning the town of Forres and all the surrounding country.

The rental of the abbey of Kinloss, and of the Priory of Beauly, is printed from the Register of the Assumption of Benefices in the General Register House. We may infer from the following memorandum annexed to the rental in the Register, that it was not regarded as altogether satisfactory:—"Remember my Lord Comptrollare to speir the rentall of thir tua, Kynlos and Bewlie, bettir, for they ar suspitious anent the fischingis."

Ferrerius has recorded the acquisition of many silver vessels by the abbots—"phialæ," "calices," and "scyphi." He also describes the many silver "vasa" given to Robert Reid by Henry VIII.

Some of these are probably referred to in the following notice by Shaw,[2] where he says:—"I find in the writings of the family of Westfield that the abbot had a process of spulzie against Sir Alexander Dunbar of Westfield, who died 1576, for taking out of the abbey a laver weighing 240 ounces of silver, and twenty-two feather beds, with other pieces of plate and furniture."

[1] Nova de Scotia, 1336. Printed in Ferrerius History, p. xx. Bann. Club.
[2] History of the Province of Moray, p. 257. Lond. 1775.

It is probable that others of the silver vessels were acquired by Mr. Edward Bruce, who, as we have seen, got possession of the abbey and lands, and was ennobled as Lord Kinloss.

He accompanied King James into England, and attained a position of great importance and wealth at his court. In the library at Auchinleck is a "particular inventorie of the movables, houshald stuf, plait, and pleneising" of his house, at the time of his departure for England, drawn up in 1610.

"It is curious to think," says Mr. Innes, " that the scyphi, the calices, the phialae, the pride of many an old abbot of Kinloss, may figure as the basins, lavers, and flagons of the inventory of the lay lord; while the 'Turkey carpets,' and 'Irische rougs' for his tables and cupboards, may once have adorned the altars of the monastery."— (Histor. Abbat. Pref. p. 11.)

The abbots of Kinloss were mitred, and their names occur frequently in record from the beginning of the 13th century downwards.

The following notices of the earlier abbots are given by Mr. Innes, in correction of those furnished by Ferrerius, who is the only authority in regard to the later abbots.

The first abbot was Ascelinus, who died in 1174.[1]

Reinerius, a monk of the mother house of Melros, succeeded. He was subsequently chosen abbot of Melros in 1188.[2]

On the promotion of Reinerius, Radulphus the prior

---

[1] Chron. de Mailr., p. 86.   [2] Ibid., p. 97.

was made abbot of Kinloss. He is styled in the Chronicle of Melros "third abbot of Kynlos," which excludes the supposed Abbot Andrew of Ferrerius. Like his predecessor, he was afterwards elected abbot of Melros, and left Kinloss in 1194.¹

Abbot Ralph was probably succeeded by another of the same name, since we find "Radulphus de Kinlos" among the excommunicated Cistercian abbots in 1218.²

Herbertus was abbot of Kinloss in 1229,³ whoresigned the office—*vir grandævus*—in 1251.⁴

Richard was the next abbot. He died in England on his return from attending the chapter of his order at Citeaux, in 1274.⁵

His successor was Andrew, prior of the monastery of Newbotle.⁶

Father Hay⁷ asserts that Richard, abbot of Kinloss did homage to Edward in 1296. He does not give his authority.

In 1316 we find Thomas Abbot of Kinloss.⁸

The sources from which the documents printed in the present volume have been selected are indicated in the tabula.

It is to be regretted that no chartulary of Kinloss has

¹ Chron. de Mailr., p. 102.
² Ibid., p. 133.
³ Regist. Morav., p. 25.
⁴ Chron. de Mailr., p. 179.
⁵ Ibid., p. 222.
Ibid., p. 222.
⁷ Scotia Sacra MS. in Bibl. Advoc.
⁸ Liber S. Marie de Melros, vol. ii. p. 360.

been preserved, and that we have only access to gleanings of its early muniments. Of what remains, however, it may be said that some of the early charters now printed, with their curious boundaries, possess features of unusual interest; while it may be doubted if there is elsewhere to be found so much authentic illustration of Scottish monastic life as is preserved in the Notices of the Abbots of Kinloss, by Ferrerius, with the Chronicle and Chapter discourses of two of the monks, included in the present volume.

In its preparation the Editor has received aid and information in different quarters, which in some cases has been already acknowledged. He is indebted to Captain Dunbar-Dunbar of Seapark for information on various points of local interest, and to Mr. P. M'Bey, land-surveyor, Elgin, for the ground-plan of Kinloss, which, although to some extent conjectural, was prepared after a survey of the ruins, and the indistinct vestiges of foundations still to be traced. He has also to thank Mr. Thomas Dickson, of H. M. General Register House, for many kind services in the examination of records and otherwise.

JOHN STUART.

EDINBURGH, *June* 1872.

ANDERSON, Photo., Rome.   BERLINER COMPANY, London.

APPENDIX TO THE PREFACE. No. I.

APPENDIX TO THE PREFACE. No. I.

I.—THE CHRONICLE of JOHN SMYTH, Monk of Kinloss.
(*Harl. MS.*, 2363.)

Quater millenis sexcentis quatuor annis
Nexus in inferno fuit Adam crimine primo.
Ab origine mundi usque ad Christum v^m j^c xcix anni quod ostenditur per sex etates. Ab Adam usque ad Noe mille 2^c xlij anni.

Secunda etas a Noe usque ad Habraham nongenti quadraginta duo anni.

Tercia etas ab Habraham usque ad Moysen quingenti quinque anni.
Quarta a Moyse usque ad David iiij^c octoginta anni.

Quinta a David usque ad transmigracionem quingenti octodecim anni.

Sexta a transmigratione usque ad Christum quingenti octodecim anni.

Primi Scoti surrexerunt ab origine mundi Mille ccc xv annis.

Roma constituta fuit a Remo et Remulo fratribus ab origine mundi iiij^m ij^c xviij annis, et fuerunt ingiro ejus quinquaginta duo miliaria et habuit iij^c lx turres.

Alexander conquestor mundum est conquestus anno iiij$^{m.}$ ix$^{c.}$ x^o ab origine mundi.

Julius Cesar mundum gladio adquisivit anno ab origine mundi v^m centesimo 39°.

Anno lxxv^o incarnacionis dominice Jherusalem destruebatur per Titum et Vespasianum.

Anno iij^c xij Constantinus Magnus ecclesiam Christi primo relevavit gesta (*sic*) post incarnacionem Christi.

APPENDIX TO THE PREFACE.

Anno quadringentesimo tricesimo 3° sanctus Palladius predicavit fidem Scotis quam hactenus seruauerunt.

Anno quadringentesimo tricesimo quarto sanctus Patricius predicabat fidem primo Hibernicis.

Anno quadringentesimo liiij° Saxones, qui nunc Anglici vocantur, sub ducibus Horso, Hengisto venerunt in Britanniam, regnante ibidem Vortingerno quo tempore floruit Merlinus.

Anno quingentesimo nonogesimo quinto Augustinus missus est in Anglia ad predicandum illis fidem.

Anno vj^c lxj advenerunt reliquie sancti Andree Apostoli in Scocia.

Anno vij^c xxx Karolus Magnus Hispaniam et Galaciam a Sarracenis eripuit.

Anno Domini M° lxvj° Malcolmus filius Duncani suscepit regnum Scocie jure hereditario et regnavit annis xxxvj.

Anno M° lxvij desponsata est ei gloriosa regina Scocie Margareta, genuitque ex ea sex filios, videlicet, Edwardum, Edgarum, Edmundum et Eldredum, Alexandrum et David, et duas filias, scilicet, Matildam reginam Anglie et Mariam comitissam Bolonie.

Anno M° xcviij° Edgarus predicti Malcolmi filius jure hereditario regnum Scocie suscepit regnavitque feliciter novem annis.

Anno M° c° vij° Alexander frater dicti Edgari regnum suscepit per accessionem et regnavit xvij annis, qui anno vij° regni sui fundat Monasterium de Scona.

Anno M° c° vj° due lune vise sunt in celo.

Anno Domini M° c° xxiiij rex Alexander filius Malcolmi migravit ad dominum : eodem anno frater ejus sanctus David sucessit ei in regnum.

Anno M° c° xxxvj. Rex David fundavit monasterium de Dumfermlyne.

Anno M c° xxxviij fundavit monasteria Sancte Crucis et de Melros et de Calcow.

Anno M° c° xl. fundavit monasterium de Newbotill.

Anno sequenti fundavit monasterium de Dundranane.

Anno M° c° xlviij fundavit monasterium de Jedwod.

Anno M⁰ c⁰ lj fundavit monasteria de Holmcoltrane et Kynlos xij kalendas Junii¹

Anno M⁰ c⁰ liij obiit Rex David apud Carlyle, cui successit Malcolmus filius Henrici comitis de Huntyntone, filii dicti David regis, qui anno Domini M⁰ c⁰ lxj fundavit magnam ecclesiam Sancti Andree tempore Arnaldi episcopi, qui eciam anno Domini M⁰ c⁰ lxiiij fundavit Cuprum,² et obiit anno M⁰ c⁰ lxv. Hic regnavit annis xij, cui successit Rex Wilhelmus frater ejus.

Anno M⁰ c⁰ lxx sanctus Thomas Cantuariensis martirizatus fuit.³

Anno M⁰ cc⁰, ob culpam regis Johannis et aliorum Anglorum, Anglia et Wallia sex annis erant interdicte et postea sunt tributarii pro relevatione.

Anno M⁰ cc⁰ xvij⁰ obiit Rex Willelmus qui regnavit quinquaginta duobus annis.

Anno M⁰ cc⁰ xlj⁰ obiit Rex Alexander qui fundavit monasterium de Pluscardynne et regnavit xxxij annis.

Anno M⁰ cc⁰ xliiij Fredericus Imperator ab Innocentio papa deponebatur.

Anno Domini M⁰ cc⁰ lxxx⁰ obiit Alexander filius Alexandri secundi regis apud Londoryis.

Anno M⁰ cc⁰ lxxxv obiit Alexander Rex apud Kyngoryne et sepultus est in Dumfermlyng.

Anno domini M⁰ cc⁰ xcij⁰ Johannes de Balle[ol]o factus est Rex apud Sconam.

Anno domini M⁰ cc⁰ xcvj⁰ ejecti sunt Anglici de Scocia, et commissum est bellum de Dunbar.

Anno eodem bellum pontis de Strewlyng.

Anno domini M⁰ cc xcviij commissum est bellum de Fawkyrk in festo sancte Marie Magdalene.

Anno M⁰ ccc⁰ ij⁰ commissum est bellum de Roslyne.

Anno M⁰ ccc⁰ quinto Wilhelmus Walles interfectus est et Robertus Brus interfecit Johannem Cummyng.

¹ *Sic.* The "j" in Melj, and xij kal. Junii are added in paler ink. *Kynlos* is also added on the margin in red.
² *Cuprum* in the margin. ³ *Nota* in the margin.

APPENDIX TO THE PREFACE.

Anno M⁰ ccc vj Robertus Bruys factus est rex apud Sconam vij kalendas Aprilis. Eodem anno bellum de Methvene et conflictus de Dalre in partibus Ergadie.

Anno M⁰ ccc xiiij commissum est bellum de Banochborne in festo beati Johannis baptiste.

Anno M⁰ ccc xviij dedicacio magne ecclesie sancti Andree.

Anno M⁰ ccc xx tentum est nigrum parliamentum apud Perth.

Anno M⁰ ccc xxix obiit Rex Robertus de Brus, vij die Junii.

Anno M⁰ ccc⁰ xxxj coronacio Regis David anno etatis sue vij°, xxiij die mensis Novembris.

Anno sequenti bellum de Duplyne et eodem anno bellum de Annand commissum est.

Anno M⁰ ccc xxxiij commissum est bellum de Halidownhill.

Anno M⁰ ccc xlvj commissum est bellum de Dorame in festo sancti Luce ewangeliste.

Anno M⁰ ccc quinquagesimo prima mortalitas.

Anno M⁰ ccc lv briut candelmes.

Anno M⁰ ccc lxvj coronatio Regis Roberti Senescalli xvij die mensis Marcii.

Anno M⁰ ccc lxij secunda mortalitas.

Anno M⁰ ccc lxx obiit Rex David.

Anno M⁰ ccc lxxviij [lxxxviij in MS.] grande scisma in ecclesia.

Anno M⁰ ccc lxxx tercia mortalitas.

Anno M⁰ ccc lxxxv adventus gallicorum.

Anno M⁰ xc obitus Regis Senescalli.

Anno M⁰ ccc xcviij bellum apud Perth de lx hominibus scilicet clannys.

Anno M⁰ iiij^c primo obitus Walteri Trail episcopi et anno sequenti bellum de Nesbetht mur.

Anno eodem quarta mortalitas.

Anno M⁰ iiij^c 2° bellum de Homyldowne.

Anno sequenti bellum de Schrewisberi et de Koklaw.

Anno M⁰ iiij^c vj° obitus Regis Roberti tercii.

Anno eodem combustio de Sterlyng.

Anno M⁰ iiij^c xj incepit universitas Sancte Andree et bellum de Harelawe est commissum.

Anno M⁰ iiij° xvj obitus domini Jacobi Bisset prioris Sancti Andree.
Anno M⁰ cccc xix transitus comitis Bowchame et Wigtoune ad Franciam et estas sicca.
Anno sequenti quinta mortalitas que dicebatur Quew.
Anno M⁰ cccc xxj bellum de Balgy.
Anno M⁰ cccc° xxiiij coronacio Jacobi regis et regine sponse sue apud Sconam et conflictus apud Arbrotht inter comitem de Crawfurd et Alexandrum Ogylwy.
Anno M⁰ cccc° lij conflictus de Brechan in die ascensionis Domini inter comites de Crawfurd et Huntlie.
Anno M⁰ 4ᶜ lxiij die mensis Augusti obiit Jacobus 2ᵘˢ Rex Scocie apud Rokisburtht et sepultus est in monasterio Sancte Crucis.
Anno M⁰ 4ᶜ lxiij obiit Johannes Wynsister Episcopus Moraviensis.
Anno M⁰ lxv. obiit Jacobus Kennedy episcopus Sancti Andree, qui fundavit collegium Sancti Salvatoris.
Anno M⁰ 4ᶜ lxvj., v die mensis Augusti, obiit Jacobus Stevvart episcopus Moraviensis.
Anno M⁰ 4ᶜ lxx sexto obiit David Stewart frater predicti Jacobi Episcopi Moraviensis.
Anno domini M⁰ cccc° octuagesimo octavo, mensis vero Junii die xj°, conflictus 2ᵘˢ de Banachburn, et ibi interfectus est serenissimus princeps Jacobus tercius et in Cambuskynnel sepultus.
Anno domini M⁰ vᶜ 13° conflictus de Flowdon et destructio castri de Noram per Scotos.
Anno domini M⁰ vᶜ xxviij° quidam hereticus combustus fuit in Sancto Andrea, vocatus Magister Patricius Hammilton, in februario.
Anno domini M⁰ vᶜ 13 anno¹, mensis vero Septembris nono die, Rex Jacobus quartus conflavit exercitum in Anglos et fortalicium principalius in limitibus expugnavit, videlicet Noram et spolia diripuit. Ac contra Anglos commisit conflictum, ubi multi nobiles regni interierunt, scilicet comites de Argyll, Cassillis, Lynache, Errell, Crafurd, Catnes, Bodwell, Angus junior, domini plurimi, manipulares, milites ac inferiores multi. Et insuper ipse rex Jacobus quartus posthac non comparuit, quare nonnulli credebant illic cum reliquis cum cecidisse, alii opinati sunt cum

¹ This is corrected from *M vᶜ xv° xxvij decembris.*

APPENDIX TO THE PREFACE.

a proditoribus de medio esse sublatum. Et non solum illic regni proceres verum eciam nonnulli ecclesiastici, quod gravius ferendum est, ut Episcopus Sancti Andree, filius ipsius Jacobi quarti, et Episcopus Insularum, qui et commendatarius erat monasterii de Abirbrot, perierunt, Abbas de Incheschawfra et sacrifici inferiores quamplurimi.

Anno domini M⁰ v^c xv., mensis Decembris xxvij⁰ die, Johannes Gordon vocatus dominus de eodem et futurus comes de Huntlie, ut sperabatur licet cassum, ecclesiam de Kynlos sub silencio noctis intravit cum satellitibus suis, vestibuli ostium violenter illisit, ac de eodem vestibulo quedam [rapuit] illic reposita, non cenobii sed indigenarum secularium patrie, uti compertum habuit a quodam olim monasterii assecta. Quod sibi ut nephas statim ut cor ejus compunctum erat compertum est. Et ideo a legato de latere, ea tempestate episcopo Sancti Andree, beneficium absolucionis pro excommunicatione peciit, et ad Kynlos manibus ejus litteras absolutorias ab episcopo impetratas deportavit, ac 2^m earundem tenorem suppliciter absolvi poposcit : quod et factum est.

Anno domini M⁰ v^c xvij⁰ Johannes[1] dominus de Gordon predictus in Kynlos obiit v⁰ Decembris, et est sepultus ubi fieri solet cerei paschalis benedictio.

Anno domini M⁰ v^c xxij⁰ Andreas Forman, legatus de latere et episcopus Sancti Andree, in Quadragesima diem clausit extremum, et commendatarius fuit de Dumfermlyn, et Pettynveyme.

Anno domini M⁰ v^c xxxiiij Makkyntoche fortalicium de Davioth combussit post Pascha, quem comes Moravie auctoritate regis extorrem ac proditorem regni in Invernes pronunciavit statim post scelus hoc perpetratum, qui ex hoc animo concitatus Moraviam cum complicibus venit ac in parochia de Dyk enormius piaculum commisit, quindecim perimens homines viros mulieres ac innubiles virgines desecrans. Et plurimam terre de Brode predam deripiens confestim redit ad propria, et hoc in nocte precedente vigiliam Penthecostes.

Anno eodem comes Moravie ex mandato Regis, sibi adjuncto comite de Huntlie aliisque nobilibus, citra aquam de Spei, terram de Clanquhattayne intrarunt ac devastarunt, undique datis neci hujus progeniei plurimis qui diversis interierunt ad numerum tercentorum. Et

[1] (*Johannes* added later.)

fratrem capitanei ad Fores deportarunt cum sibi, adjuncto complice nobili, uti tenuerunt illi, ubi decapitatis utrisque membratim fratrem diviserunt et caput stipite in pretorii fine locaverunt. Tempore illo capitaneus ille compulsus est regi sese dedere ductu comitis Archadie, fratris comitisse Moravie, qui cum detrudi fecit in Edinburgi fortalicio, donec incentores sui ad illud nephas peragendum manifestaret et consiliaboli secretum panderet.

Anno domini M⁰ v⁰ xxxiiij conciliata sunt regna Scocie et Anglie pro regum existencium temporibus, legatis Episcopo Aberdenensi thesaurario regis, et abbate Roberto[1] de Kynlos, aliisque probis viris e regno electis a rege et aliis primoribus regni, ad Anglie regem missis. Deinde perfectis negociis et finem optatum potiti sani redierunt Scociam, quos secutus est Anglie legatus ut pacem firmaret juramento regis, qui benigne susceptus omnia petita fauste percipiens, insuper et munera benevolencie gratia a rege accipiens, lubens redit ad propria.

Anno domini M⁰ v⁰ xxxiiij Robertus[1] Abbas de Kynlos, xiiij Julii, missus est a Rege ut reconciliationis federa Regis Anglie juramento confirmaret, qui benigne susceptus ac munifice muneribus honoratus redit ad propria.

Item memorie commendandum quod Thomas Abbas de Kynlos fecit Robertum abbatem, ejus successorem, de Galliis plures probos libros secum deferre anno domini M⁰ v⁰ xxix, quorum nomina sunt in registro.

Anno gratie M⁰ v⁰ xxxiiij combusti sunt duo heretici in Edinburgo, in fine mensis Augusti, et nonnulli fautores hereticorum e regno pulsi ac eorum substancia confiscata est erariis regis.

Anno gratie j^m v^c xlij⁰, et xiiij die Decembris, obiit Jacobus quintus in Fawkland et sepultus est in monasterio Sancte Crucis in Edinburgo.

Anno j^m v^c xlij⁰, vj⁰ Januarii, obiit Johannes Smyth. Et anno xliiij et xvij⁰ Augusti obiit Joneta Dawson uxor ejus, qui sepulti sunt ante capellam sancti Laurencii.

Anno domini M⁰ v⁰ xliiij⁰, et 3⁰ Maii, viz. : sabbato, Angli intrarunt Scociam, tam per mare quam per terram, cum ingenti exercitu ad xv.ᴹ et

---

[1] *Red* is interlined above the name Robert.

pro majori parte destruxerunt et spoliaverunt Letham et Edinburgum et monasterium Sancte Crucis et palacium regis, et Newbotill et multa alia fortilicia.

Anno domini M⁰ vᶜ xliiij, et xxix⁰ Decembris, obiit Jacobus Stewart, comes Moraviensis, filius Jacobi Stewart Regis quarti regni Scocie, nobilissimus comes, qui sua prudencia, sua scientia, sua liberalitate et sua maxima justicia regebat et gubernavit totum regnum tocius Scocie, qui obiit anno etatis sue xlix⁰ et honorifice sepultus est in Kynlos ante majus altare in medio pavimenti, infra paschale et gradum confessionis.

Anno M⁰ vᶜ xlv⁰, xx⁰ Septembris, Angli intrarunt Scociam, et invaserunt et destruxerunt et combusserunt monasterium de Melros, monasterium de Kelsocht, de Drybrocht, et monasterium de Gedvard et Heddintoun, et intrarunt ad numerum xxx milia.

Anno M⁰ vᶜ xlv⁰, ultimo Novembris, obiit Robertus Carncors, episcopus Rossensis, et sepultus est in eadem ecclesia cathedrali.

Cardinalis Scocie.

Anno domini M⁰ vᶜ xlvj⁰, et xxix⁰ die Maii, interfectus fuit proditorie venerabilis pater David Betoune, cardinalis episcopus Sancti Andree, legatus a latere et abbas de Arbrotht, a Normando Leslie, magistro de Roththeis et domino de Grange, cum suis satellitibus.

Anno domini M⁰ vᶜ 13⁰ reportavit dominus Thomas Abbas monasterii de Kynlos epistolarium, quod wlgariter dicitur the pastail. Anno domini M⁰ vᶜ 15 reparavit ecclesiam cum vestimento de bruno ly welwus, et vestimento de blodio ly welwus, et vestimento de blodio ly dammes, et ante hoc aliis duobus vestimentis, uno de rubeo ly dammes, et altero albo ly chamlet, cum duabus cappis, et altero vestimento nigro pro defunctis cum duabus cappis. Anno Domini M⁰ vᶜ xx⁰ reparavit dominus Thomas abbas de Kynlos ecclesiam ejusdem vestimento aureo cum cappa aurea et eucharistea argentea paulo ante.

Anno domini M⁰ vᶜ xxviij⁰, primo die Julii, facta est inundacio aque in Kynlos insolita, ita ut superflueret hortum coquine, molendini, et quosdam alios, sed in eodem anno in translacione sancti Benedicti inopinate excessit, ita ut aqua impleret refectorium, capitulum, claustrum, et alias officinas, ita ut nunquam tale quid prius visum fuerit in hoc loco, et ustrinum devastaret, et brasium in eodem madefaceret, et usui solito ineptum redderet.

Anno M⁰ v⁰ xxix⁰, in translatione sancti Benedicti, Magister Robertus Red,¹ subdecanus et officialis Moravie, et vicarius de Gartle et Bruntkyrk, et vicarius de Kyrkcaldy, recepit habitum Cisterciensem in Edinburgo ab episcopo Aberdenensi, et benedictus ab eodem venit ad Kynlos, et receptus honorifice ut decebat 2⁰ die Augusti a monachis, et eorum obediencias secundum tenorem bullarum summi pontificis recepit, et vj⁰ die post hoc cantavit missam solempniter. Item factus est terremotus eodem anno, in octavo die assumptionis beatissime Virginis, quasi in tota Scocia sexta hora diei in aurora. * 27⁰ Novembris, anno 1541, idem Robertus Reid creatus est episcopus Orcadensis, ac consecratus in loco minorum Edinburgi, in prima dominica adventus Domini. Statimque postea missus est legatus cum ceteris oratoribus ad Henricum 8, regem Anglorum.* ²

Anno domini M⁰ v⁰ xxix⁰, xvij⁰ Novembris, claustrum de Kynlos reconciliabatur per magistrum Jacobum Hay, episcopum Rossensem, et benedixit eucharistiam majorem.

Item eodem anno grassabatur pestilencia in Sancto Andrea, et in sequenti anno in Edinburgo.

Anno domini M⁰ v⁰ xlj⁰, et 2⁰ Januarij, grassabatur maximus et vehementissimus ventus, cum ingenti pluvia, qui distruxit campanile de Bewle et campanas ejusdem, et fecit maximum dampnum tam in Rossia quam in Moravia.

Anno M⁰ v⁰ xlv⁰, xxiiij⁰ Junii, grassabatur pestilentia in Edinburgo, Leytht, Newbottill, Dundee, Aberdonia, et in multis aliis burgis et villis Scocie, et perierunt in eadem pestilencia quam plurimi homines, mulieres et parvuli et diversi religiosi.

Item in eadem pestilencia obiit frater Thomas Jhonesone ordinis minorum in Edinburgo.

Anno domini jᵐ v⁰ xlvij⁰, x mensis Septembris, conflictus de Pynk kynglewcht, seu Buklybrays, apud Mussibrewᵗ, inter Scotos et Anglos,

---

¹ Robertus Red Abbas, in red on the margin.
² The words between the stars are in another hand.

APPENDIX TO THE PREFACE.

ubi fuerunt interfecti multi nobiles ex Scotis doloso, viz. Magister de Erskeyne, Magister de Ogylwie, Magister de Grayme, Magister de Levynstone, dominus de Brode, et dominus de Culbyne, et quam plurimi alii proceres et nobiles interfecti et captivi ducti in Angliam.

Anno domini M⁰ v^c liij⁰, et xv⁰ Februarii, claustrum de Kynlos reconciliabatur per Magistrum Robertum Red, episcopum Orkadensem, honorifice.

Anno domini M⁰ v^c liij⁰, vj⁰ Aprilis, Walterus Red abbas de Kynlos recepit obediencias monachorum.

Eodem anno et xvj⁰ Aprilis, Walterus Red, abbas de Kynlos, fuit solempniter et honorifice benedictus in eodem monasterio per Reverendum in Christo patrem Robertum Red, episcopum Orchadensem, in presencia multorum nobilium, viz. domini de Innes, domini de Dwffus, domini de Waltertonne, domini de Ochterellane.

Anno domini M⁰ v^c lvj⁰, xiij⁰ Julii, facta sunt tonitrua et fulgura et grandines ingentes, quales nunquam fuerunt visi in istis partibus, et destruxerunt fruges, animalia et edificia in Inverrania, in Strathylay, et in diversis partibus tocius regni.

Dominus Johannes Smyth, monachus a Kynlos, qui hunc librum scripsit, vir honestissimus, vite integritate, sueque religionis zelator nulli (quod absque invidia dictum sit) secundus, [obiit] anno domini 1557, et 17 Decembris, etatis vero sue 65, atque sepultus prope utrumque parentem ante ostium sacelle sanctorum Laurentii et Bernardi, ubi ipse vivens sacrificari solebat.

[This last paragraph, written in a new hand, has been scored through with the pen.]

De etate quarumdam domorum ordinis Cistercium.

Anno gratie M⁰ xcviij⁰ constructum est Cistercium.
Anno M⁰ centesimo xv. fundatur Claravallis.
Anno M⁰ c⁰ xxxiij⁰ Nonas Maii Rievallis.
Anno M⁰ c⁰ xxxvj⁰ kal. Aprilis Melros.
Anno M⁰ c⁰ quadragesimo Newbotill.

Anno M⁰ c⁰ lj⁰ kal. Januarii Holmcoltram.
Anno M⁰ c⁰ lj⁰ xij kal Junii Kynlos.
Anno M⁰ c⁰ lxiiij⁰ abbacia de Cupro.
Anno M⁰ cc⁰ xvij⁰ Idus februarii domus Sancti Servani.
Anno M⁰ cc⁰ domus de Deyr.
Anno M⁰ cc⁰ xxvij⁰ domus Sancti Edwardi.
   [Libidinosa etenim & intemperans adolescentia effetum corpus tradit senectuti.]

De incepcione quorumdam ordinum.

Anno domini D⁰ cccc⁰ xij⁰ incepit ordo Cluniacensis.
Anno domini M⁰ lxxxiij⁰ incepit ordo Arroasiensis.
Anno domini M⁰ xcviij⁰ incepit ordo Cisterciensis.
Anno domini M⁰ c⁰ xiiij facta est abbathia Claravallis.
Anno domini M⁰ c⁰ xx⁰ incepit ordo Premonstracensis.
Anno domini M⁰ c⁰ liij⁰ obiit beatus Bernardus, abbas Claravallis.
Anno domini M⁰ c⁰ lxx Sanctus Thomas Cantuariensis occisus est.
Anno domini M⁰ xcvij⁰ incepit ordo Sancte Trinitatis.
Anno domini M⁰ cc⁰ incepit ordo predicatorum fratrum.
Anno domini M⁰ cc⁰ incepit ordo fratrum minorum.

APPENDIX TO THE PREFACE. No. II.

NOTICES OF THE ABBOTS OF KINLOSS
BY FERRERIUS.

LIFE OF ABBOT THOMAS CRYSTALL, WITH APPENDIX ON HIS DEATH   17
LIFE OF ABBOT ROBERT REID   .   49

Ad Lectorem.

Optime lector, si forte istic picturatam magis requiras orationem, memineris nos theatro nunc inservire maluisse, quam tibi in omnibus morem gerere: sic melius aequius in alienis vigiliis censuram feres, ac valebis.

Reverendo in Christo Patri, Domino Thomae Crystallo Abbati Monasterii A Kynlos Cisterciensis Instituti Patrono suo Singulari, Joannes Ferrerius Pedemontanus. S. P. D.

VETUS consuetudo, Reverende Domine, a priscis et ethnicis viris repetita ac quasi tradita per manus in nostram usque aetatem derivata, obtinuit ut Calendis Januariis alius alium, veluti publico salutarique auspicio inceptantis anni, strena amicoque donario honestaret. Id cum saepiuscule ante paucos dies in animo volutarem meo, et tuam erga me benignitatem circumferrem in pectore effigiatam perpetuo; decrevi tandem si qua arte possim, non dico me aere tuo obstrictum resolvere, saltem munusculo aliquo litterario (quid aliud queam?) mei animi erga te candorem significare. Nec satis occurrebat quid primum aggrederer tuae dignitati aptissimum, et meis studiorum laboribus honorificum quoque. In primis virtus tua, cum in privatis tum publicis negociis praecellens maxime, hortabatur ut vires intenderem in re quapiam graviore; nisi temporis angustiae mihi modum indixissent. Ita mecum reputabam, qui velit tantum operis moliri, cum non solum grandi ocio, sed temporis spacio longiore uti oportere; mihi vero incumbere ut extemporaneo aliquo munusculo tuam erga me liberalitatem ignotam multis (ne forte nimio silentio, ingratitudinis notam incurrerem) nunc testatissimam facerem. Dabitur alias opportunitas, ut majore spiritu tuas ac alumni tui Roberti abbatis virtutes amplissimas in commentarium mittamus. In praesentia tamen non ineptum visum est consilium, si tuorum in constituendo monasterio a Kynlos laborum toto tuo decursu, brevi et tumultuario compendio immortalitati (quantum per me fieri potest) consecrarem. Indignum sane facinus si, in tanta bonorum studiorum nunc luce, illustrium virorum gesta et magnifice facta per oscitantiam obliterentur. Quot putat olim Reverentia tua non solum apud exteros, sed etiam in Scotia viros percelebres, episcopos, abbates, et hujusmodi fuisse, egregiorum operum authores, quorum nomina, scriptorum ignavia vel potius carentia, ignorantur! Probabile est, hoc tuum monasterium ab initio per tot secula cum monachos tum abbates laudatissimos habuisse : et tamen nunc vix abbatum sex nomina rite tenetis. Tanta est temporis vicissitudo ut magnae etiam locorum structurae nomen clarissimi viri in aliquot secula proferre non valeant. Tempore sepeliuntur imperia et regna, immensa propugnacula, civitates amplissimae, structura mirabili excitata templa, et quid non? Nihil est tam operosum ut temporum injuria aliquando non concidat. Solum literarum beneficium ita in posteros propagari potest, ut nunquam, quae sunt alicujus momenti, aeterna oblivione opprimantur. Quanta statim ab orbe condito per omnem gentem magnifice gesta tenemus : quae, sine literis, ignoratione perpetua contegerentur? Literis vetus ac nova divinarum rerum historia invulgata est, constitutae respublicae et multiplex religiosorum hominum institutum. Quis non miretur divi Hieronymi tui et caeterorum patrum acta? At hoc ipsum sine literis nusquam constaret. Non tantum igitur humana, sed divina quoque, ne quando perfluant, literarum beneficio continentur. Hac ratione permotus ego, in tuae virtutis commendationem nunquam intermorituram huic perbrevi commentario manum admovi. Quod si est hujusmodi, ut aetatem perferre et literatorum judicia possit;

in meorum cumulum bonorum et hanc ingenii praecipitatam focturam adnumeraverim; sin minus, tibi tamen (ut cui plurimum debemus) hoc labore gratificari voluimus. Quicquid tamen fuerit, aequi boni consules, majora elucubratioraque interdum per occasionem quandam accepturus. Interea, pientissimus Jesus te nobis integrum et diutissime restitutum servet. Bene vale, domine observandissime.

Apud Monasterium tuum a Kynlos pridie calendas Januarii 1535, calculo vero romano 1536.

ABBOT THOMAS CRYSTALL.

THOMAS, apud Culross honesto loco natus, parentes habuit cum frugales tum pios, ex Crystallorum vetere satis familia; qui cum viderent eum bonae spei puerum statim adhuc impuberem una cum germano suo Andrea natu majore literis ac moribus formandum tradiderunt. Erat tum temporis in monasterio a Culross vir in primis religione ornatissimus, et (ut ferebat illa aetas, ad meliores literas rudior) in elementis grammatices bene doctus dominus Thomas cognomento Person, ejusdem monasterii professus (ut vocant) monachus. Huic traditus est cum fratre a parentibus Thomas. Et ut erat capacissimo ingenio puer, ita animum ad imbibendas literas quam lubens admovit, ac parvo temporis curriculo tantum promovit discendo, ut aequales suos omnes, etiam germanum Andream multo spacio anteverteret. Id quum viderent parentes, nec latere posset divinum ingenium, majorem jam tum spem de puero concipientes, amicorum etiam hortatu e scholis grammaticorum (praepropere tamen) revellunt, et ad praxim musicam comparandam transponunt; sive tum illi ita existimarint eum posse hac via in gradum aliquem ecclesiasticum invadere, sive (quod magis crediderim) Divini Numinis benignitas ad ea quae sequuta sunt illum sic destinarat. Cum esset igitur Thomas in aetate adhuc illa teneriuscula, non ineptum hominem et in musicis peritissimum, Gulielmum Rait virum laicum et abbatis a Culross fratrem germanum audivit. Apud hunc paucis mensibus in tantum profecit, ut facile videretur a natura illuc deduci. Habebat pro voto canoram simul et crispantem vocem, ac nullo conatu cum suis aequalibus ita modulabatur, ut multos spectatae dignitatis viros ad se amandum induxerit. Primum illius loci abbas dominus Jacobus Rait (ut cui de puero essent notissima omnia (impense egit de Thoma in suorum monachorum numero recipiendo. At parum favit illi fortuna, ita Superis rem temperantibus. Paulo post vir cum dignitate tum religione insignis dominus Joannes Schanwell abbas monasterii a Cupro, ubi de puero audivisset, non segniter quidem ille, attamen volente Deo frustra, elaboravit ut sibi suoque monasterio traderetur. Cupiebat enim, cum altero egregiae indolis adolescentulo bene literato Alexandro Heton, in suum monasterium Thomam cooptare; et erant confecta pene omnia nisi solers prudentia divini hominis domini Gulielmi Galbreth abbatis a Kynlos obstitisset. Nam cum ex officio et authoritate sua abbatem a Culross ac totam illam sodalitatem, ut si quid nutaret in ordinem cogeret cura sua pastorali, saepiuscule inviseret, offendit Thomam jam alteri pene addictum. Tamen, quia res erat hujusmodi, ut in diversum citra omnem injuriam flecti posset, curavit vir optimus ut rebus suis in primis consuleret. Tentatis omnibus, adolescentulum Thomam ad se venire jubet; quem cum vidisset liberali facie et quadam senili prudentia ornatum, statim adamavit, egitque cum parentibus et illius loci abbate ut suo monasterio Thomas adscriberetur. Ubi facile impetrasset quod petierat, coepit et adolescentulum percunctari num placerent omnia quae de se audivisset? Ad haec subridens Thomas, nimio de tantula sorte concepto gaudio, inquit, illud perpetuo se circumferre in animo ut Deiparae Virgini aliquando initiatus observiat, nec optare feliciorem transigendae vitae locum, quam in eo monasterio vivere, per quod illud sartum tectum consisteret, in quo primam et literarum et bonorum morum institutionem excepisset. Quem, cum ita affectum vidisset abbas, admiratus est plurimum; ac studiosius curavit (ne via forte quadam vel astu hominum subdolorum Thomas sibi eriperetur) ut data

C

acceptaque fide suus fieret. Ita compositis omnibus adolescentem versus monasterium a Kynlos dimittit. Illuc ubi adventasset, et subiisset templi (ut aiunt) navem, illico in faciem crucifixi, ex more recepto apud catholicos, adoraturus procumbit. Ac inter orandum, nescio quid magnum iam tum de religione et hujus loci incremento visus est, Deo (ut ipsum Thomam referentem audivi) propicio, concipere. Plurimum recreabatur in templi magnifica structura, et eorum quae illic visuntur ad rem sacram faciendam non irreligiosa. Arridebat subinde et imago Servatoris in cruce pendentis, ut ea de re facile in animum induxerit suum se posse auspicatissime illic vivere. Dum talia miratur, aliquot ex sodalitate illa patres, quibus singula in eo negocio abbas primum significarat, cum humanissime suscipiunt, et admirabundum a novitate et congressu seniorum jubent esse bono et infracto animo ; nec vereatur (rogant) de abbatis promissis, accepturus etiam majora. Diceres jam tum eorum quae facta sunt postea non leve praesagium. Ita ad se singuli rapiebant Thomam, ut nescias an ipsum fortunatiorem qui adeo festivos et benignos patres adinvenerit, an illos feliciores quibus tanta tamque spectata indole contigerit adolescens. Illinc deductus est ad abbatem cui non inspectatus advenerat. Ac post aliquot dies, cum altero cui nomen erat Joanni Richardi, sacras (quas vocant) vestes per abbatem oblatas induit : die nimirum Epiphaniae ab Christo nato anno millesimo quadringentesimo octuagesimo septimo.

Factus candidatus Cisterciensis instituti, acrius multo quam alias sui ingenii vires in ediscendo memoriter psalterio, hymnis, canticis, et id genus aliis exercuit. Vix credas quantulo tempore id quod plerique non infelici ingenio consueverunt memoriae commendarit. Octavo quoque die (ut audio) unum psalterii nocturnum suo in his quae de religione sunt formatori, hoc est domino Patricio Wilson, memoriter pronunciavit. Hinc colligere quis potest quid praestiterit in reliquis qui adeo in gravioribus egregiam navaverit operam. Revoluto anno, die eadem qua detonsus primum fuit, publicitus in templo una cum collega suo conceptis verbis ex more in observationem Benedictinae regulae aliisque ejusdem professionis institutis juravit. Jam factus unus sodalitatis, dominus Thomas ab omnibus nuncupari, et indies magis ac magis grassari, ut sui instituti penitiora non solum intelligeret sed etiam observaret. Ita plerosque sua modestia et vigilantia ad bene beateque vivendum excitavit. Interea abbas (ut fit), cognita domini Thomae in singulis acrimonia, cum non raro ad rem gerendam admovit. Egit ille strenuissime in omnibus, ut jam tum in administranda monasterii republica non ineptus videri posset.

Post paululum vero temporis (ut res sunt mortalium fragiles) dominus abbas, is a quo sacrae religioni fuerat initiatus, fato concessit. In locum demortui surrogatus est vir non ignobilis dominus Gulielmus cognomento Culross; qui ab ineunte aetate dominum Thomam tenerrime dilexit. Tanto igitur et insperato fultus praesidio, in gravioribus rebus tractandis non infeliciter periclitari coepit; et nihil ferme unquam est adortus ubi fortunam non adinvenerit secundantem. Ita res intricatiores apud Strathilay et ecclesiam ab Ellone studiose explicavit, ut majorem quam unquam antea apud novum eo tempore abbatem dominum Gulielmum sibi conciliarit benevolentiam. Proinde, ab eo die vix quidquam gravioris operis molitus est abbas, in quo censendo dominus Thomas primas non tulerit. Neque obscuris argumentis jam sese, quorsum inclinatura esset res, prodebat. Nam Gulielmus abbas mole corporis gravatus, ut impar esset oneri ferendo, in nominando successore totus erat. Res versabatur in ambiguo, quem potissimum diligeret. Primum, adhortabatur vitae institutum ut canonice e senioribus unum nominaret : sed vir prudens, cum inidoneitatem ad rem tantam sustinendam omnium seniorum haberet perspectam, et monasterium dilapidatum iri clarissime videret, in dominum Thomam oculos convertit. Adornatis itaque omnibus in hunc usum necessariis, rem transigendam Romae destinavit. Ac volentibus Superis quam commodissime obvenit : comprobatum est enim negocium Alexandro pontifici summo ejus nominis sexto; obsignata sunt diplomata, et in Scotiam ocyssime transmissa. Verum, quod non putares, is qui fuerat author curandorum diplomatum, Magister videlicet Joannes Lyndsay, confectum negocium aliquandiu remoratus est. In causa autem fuit abbas Gulielmus, qui suae promotionis (ut aiunt) diplomata ab eodem importata neglexit redimere ; existimabat enim jam electo altero abbate nihil esse opus illis suis diplomatibus. Verum mercator, qui mul- Mercator tam insumpserat in ea re pecuniam, diversum sentire; Flammingus atque eadem opera curare ut posteriores labores priorem Forus. curam et damnum sarcirent. Id ubi intellexit dominus Thomas, Aberdoniais est profectus, et cum honesto viro Alexandro Gray bona fide de negocio transegit. Acceptis suis et praedecessoris diplomatibus ad monasterium rediit. Ac ex more exceptus a conventu (sic illi loquuntur) in capitulum suam explicaturus authoritatem et patrum obedientiam (ut fit) suscepturus abiit.

His rite peractis et canonice, coepit Thomas abbas de literarum studio intermisso secum reputare. Suadebat ingenii bonitas et cura pastoralis ut ad emporium bonarum artium properaret, unde suae animae pabulum et suis monachis ubertim suggerere deinde valeret. Id quod fecisset, nisi cura rei familiaris, non tantum sua, verum etiam praedecessoris abbatis, ad has externorum negotiorum syrtes non solum evocasset sed impulisset quoque. Tanto enim aere alieno premebatur per incuriam pastorum hic locus ut pene nulla spes superesset futurae instaurationis. Potentes ac nobiles autem qui habitant viciniam monasterii ad se quisque res sacris usibus destinatas rapere, piscationum aquas profanare, ac possessionibus monachis assignatis ut suis uti. Tantam indignitatem cum videret Thomas abbas, et aes magnum in redimendis diplomatibus conflatum non ignoraret, coepit animo volvere quo pacto melius sibi suoque monasterio consulere posset. Et quamvis literarum ardor plurimum ad se hominem raperet, noluit tamen per oscitantiam committere ut privato studio rempublicam quam susceperat administrandam funditus everteret. Ita secum ratiocinabatur; cum qui velit in literis egregiam navare operam ocium per omnia complecti oportere; se nec posse id praestare, nec honestum futurum si suum munus privato emolumento fraudaret. Veniebat etiam in mentem illi, compositis utcunque rebus, id quod sibi non licuisset per aliquot monachos se deinde instauraturum. Quod etiam effecit ut postea indicamus. Itaque remis et velis (quod aiunt) hujus loci administrationem, relictis interim philosophiae studiis, aggressus est; ac rem illico perturbatam tentare, et exulceratis rebus modum aliquem statuere conabatur. Nec despondebat animum in re pene intractabili, futurum existimans de meliore semper rerum successu aliquid: nihil enim videbat in hac vita boni mortalibus concessum sine sudore gravissimo; et usu venire, ut hi solum suis votis potiantur qui nunquam animum ad gravissima quoque obeunda paratissimum remiscrint; nec sperandam esse ullam in senecta tranquillitatem ei qui per ignaviam honestos in juventa labores suscipere recusarit. Istis et aliis infinitis persuasionibus ad rem bene gerendam novus abbas impellebatur.

Anno igitur humanae salutis millesimo quadringentesimo nonagesimo nono, idibus Januarii, summam omnium in Kynlos administrationem ubi accepisset Thomas abbas, jam tum cum adversariis de monasterii rebus summam contentionem iniit.

Oppidani enim a Foress, consuetudine quadam usurpatitia potius et veluti praescriptione quam jure aliquo, salmonum piscationes in aquis aestuarii Finderne tunc temporis usurpabant. Cum his primam suam velitationem tanta dexteritate commisit, ut quadriennio post non contemnendam victoriam reportarit : et, ne aliquando excideret tantae rei memoria, vel, mutata sorte, adversarii novam litem intenderent, hujus foederis leges in publicum, quod vocant, instrumentum, Jacobo Rege ejus nominis quarto comprobante, redigi curavit. Extant et alia, cum dominorum parliamenti tum Regis ipsius, ad hanc rem decreta, quae in posterorum memoriam diligentissime apud Kynlos asservantur.

Deinceps, quasi fortunam arridentem suo muneri accepisset, in majoribus periclitari voluit. Ac priorem a Pluscarde dominum Robertum Harwor, praeter aequum piscationes a Fernanen occupantem, parvo conatu sed pecunia majore ita attrivit toto triennio, ut dimidium illius cujus gratia litem iniverat in perpetuum acceperit.

Huic operi successit cum quodam M. Hugone Martini contentio plena laboribus. Acceperat ille, nescio an industria majore an dolo malo potius, subscriptum a Rege diploma, quo cavebatur ut eidem Hugoni quamdiu viveret definitam quotannis pecuniam, hoc est libras scoticas centum septuaginta, annumeraret abbas a Kynlos. Negabat abbas se quicquam homini debere quod suo monasterio damnosum esset. Contra ille suum jus et Principis favorem, quo tunc pro arbitrio utebatur, objectabat. Post septennii contentionem et impensam mille librarum scoticarum in lite per abbatem, M. ille Hugo causae suae, mutatis utcunque rebus, diffidens pacis conditiones ab abbate propositas lubens accepit : et poterat opprimi si abbas coeptam litem usque in finem persequi voluisset. Sed secum reputabat vir prudens nequaquam esse fortunae blandienti nimirum fidendum, ne si reflaret denuo cum M. Hugone novam litem intendere oporteret. Itaque expensis bene ad utramque partem conditionibus, annuum illum censum in perpetuum libris scoticis octoginta semel traditis in totum sopivit.

Vix dum cum M. Hugone egerat et protinus cum suscepit adversarius alter Joannes cognomento Cumein dominus ab Ernishede. Is, ob viciniam agri sui cum monasterio, de promovendis finibus satagebat. Abbas vero contra nitebatur, et vetustos in ea parte agrorum limites clanculum aliquando ab iniquis hominibus submotos inculcabat. Res, utcunque vetustate ambigua, in multam contentionem prorupit; sed veritas ipsa aliquamdiu eluctata caput postea exeruit. Nam in consessu dominorum parliamenti, post nonam (quam vocant) sessionem, decretum est, ut comes Argatheliae Archimbaldus Campbellus, cum aliis nobilibus viris, veluti arbiter de finibus agrorum inter abbatem et Joannem Cumein, spectato lustratoque loco, litem illam dirimeret. Qui, ubi rite cognovisset de singulis, ut publico instrumento circuitionis (sic illi loquuntur) apud Kynlos asservato constat apertissime, secundum abbatem rem confecit.

Erat etiam tum temporis Aberdoniarum vicecomes (ut aiunt) Alexander Banarman, qui abbati de agro ecclesiae ab Ellone negotium facesseret. Cum illo tres annos totos litigatum est; postremo tamen abbati victoria cessit.

Sed illud majoris fuit momenti, quod adversum Alexandrum Gordonium comitem Huntleum, toto septennio, non minore prudentia quam animi constantia, ab eodem abbate pro suo monasterio tuendo gestum est. Cupiebat Alexander, ex Strathily baronia quam habent monachi et abbas a Kynlos, agrum Ballacht suae possessioni accedere; et cum nullum in ea re jus haberet, abbati tamen in rectum propugnanti non semel mortem comminabatur. Verum nec terroribus illis adduci potuit abbas ut comiti cederet; nempe ad mentionem mortis intrepidus semper in anteriora sagacissime proficiscebatur. Tandem, post infinitos et animi et corporis

APPENDIX TO THE PREFACE.

labores acerbissimamque contentionem, optato fine potitus est abbas. Ac in hujusce rei memoriam Alexander comes suae cessionis publicum instrumentum imperavit, cui et sigillum suum, ut in Kynlos videre est, propendet.

Huic impeditissimo negocio accessit Alexandri ab Huntli comitis soror Agnes, quam olim in uxorem Jacobus Ogilvius a Finlater habuisse memoriae proditum est. Coeperat illa cum abbate, de agro apud Strathily nomine Hawinthfe, spiritu plenam contentionem ; sed abbatis vigilantia protinus hanc flammam repressit ; nec luctari diu potuit illa quin statim causa caderet. Ita res ad abbatem meritissime rediit.

Illud multo laboriosius quod in dominum Joannem Inness abbatem monasterii a Deire factum est. Est in Buthquhania apud ecclesiam ab Ellone villa quam suo nomine Fechile vocant ; illius villae decimas suas esse contendebat abbas a Deire ; in adversam sententiam Thomas abbas a Kynlos ferebatur. In tantum lis crevit ut cognitores in consessu provinciali abbates omnes Cisterciensis instituti apud Scotiam habuerit, idque Edinburgi, in Fratrum Praedicatorum monasterio. Deinceps, in loco judicii praesulis Aberdoniarum intractum est negotium. Victus duabus (quas vocant) sententiis definitivis abbas a Deire superiori suo abbati a Kynlos facile cessit. Hinc crevit annuus in Kynlos (ut referunt illius loci oeconomi) census quadraginta solidis scoticis.

Illud praeterea immensi et prope incredibilis laboris cum Jacobo Stuart, Regis Scotorum filio, Moraviae comite, de piscationibus aestuarii a Finderne contentionem inire. Veruntamen, tanta et semper rectis potentia, ut nullum quantumvis illustrem hominem in jure monasterii tuendo formidaret. Itaque multis rationibus egit ut modum aliquem in tanta tamque acri contentione offenderet suis rebus omnino non malum ; id quod facile contigisset, si legibus et juri sua semper constaret authoritas.

Ergo cum videret abbas potentia magis se quam jure ullo gravari, alia quadam arte rem ipsam expedire tentavit. Nec prorsus infeliciter cessit: nam, ubi centum octuaginta tres libras scoticas semel annumeravit abbas, non invitus suo juri in perpetuum renunciavit comes.

Dum talia molitur vir infatigabilis, etiam collapsam et pene majorum oscitantia intermortuam religionem in decentem ordinem restituere prout sequitur laboravit. In primis morbidas aliquot oves de suo grege, hortatu, et vitae exemplo; deinde, ubi salutis spem videt deploratam, etiam levi cauterio restituere conatus est. Vidisses statim aberrantes olim oves pastoris prudentia ac humanitate resipiscere, et omnia in melius sensim converti. Huc etiam accessit ut fratrum numerum in Kynlos perexiguum in decentem numerosamque sodalitatem surrigeret. Primum, quum in abbatem designaretur dominus Thomas, vix quatuordecim fratres in monasterio visebantur; postea vero viginti aut plures, cum uno detonso laico (quem conversum dicunt) perpetuo adnumerati sunt. Et, ne putes ita numerum monachorum accrevisse ut tamen aliquid de victu eorum detractum sit, quotidianam etiam alimoniam cum ipsis hominibus auctiorem effecit. In diebus carnium, singulis monachorum, praeter veterum consuetudinem, quatuor denarios adjecit. Diebus vero quibus vescuntur piscibus, unicuique denarium adscripsit. Quid de pane loquar? Mos fuit ante, lato pane, hoc est, lagano ex avenis ad ignem super laganario formato, monachos vesci: nunc, Thomae abbatis humanitate simul et industria, per singulos fratres panis frumenticius unciarum triginta duarum quotidie accessit.

A lagano ἀναλογικῶς; laganarium, quo pacto a ptisana ptisanarium vas inflectit Horatius, lib. i. Sermonum. [Sat. II. iii. 155.]

Nec cum deterruit tantorum vita laborum supra modum impeditissima et quasi alieno aere oppressa, ut etiam de instaurandis loci aedificiis cogitaret. Ita ille ab ineunte aetate vitam suam formaverat ad quidvis honesti curam subeundam, ut gratius illi semper fuerit in reipublicae suae compendium durius vivere quam alioqui per voluptatem de officio et recti cura discedere. In primis igitur templum ipsum vetustate secundum testudinem corruptum postibus decenter politis supra chorum et in campanarum turri instauravit; ac totum templum secundum tectum ligneis tesselis, veluti planis imbricibus, contexit: et plumbum quod visitur, multis a vetustate locis aquam transmittens, restituit saepiuscule.

Nostro etiam tempore, eam tecti partem quae chorum integit, utrinque novo plumbo curavit adornandam. Deinceps, coronam templi quaquaversum excitavit lapide quadrato, in morem videlicet corollariorum in propugnaculis, ut imbricatori (quem etiam tegularium vocamus) minor fieret labor in restituendo tecto si quando scalas admoveret. Eadem opera et studio divi Hieronymi sacellum, superne ruinosum, non indecenter per omnia restituit. Excitavit praeterea in eodem templo ad sacrificandum tres aras; unam divo Hieronymo, divae Annae alteram, tertiam in sacello mortuorum; quas etiam ornatu vario et sacris vestibus religiose satis decoravit. Constituit insuper majus horologium quod in templo ad sacrarium videtur a capite (juxta paroemiam) usque ad pedes; et aliud item minus, veluti excitatorium, quo is utitur ex officio qui antelucano tempore ad divinas laudes percinendas reliquos fratres excitare consuevit.

Ac statim in initio suae electionis, e regione aulae abbatis juxta curipum tubumque per quem aqua ad moletrinum derivatur monasterii, domum a fundamentis posuit; in ea, nostro tempore Robertus abbas, ejusdem Thomae alumnus et declaratus successor, recumbere consuevit. Rursus, anno salutis humanae tricesimo supra sesquimillesimum, iisdem aedibus amplissimam adjecit appendicem. In primis subversa, rimosa ac vetusta in eo loco domuncula, aedes novas priori aedificio communi cochlea conjunxit; egregia sane structura, non minus necessaria monasterio quam ornamento maximo.

Magnum praeterea abbatis cubiculum, quo, per hospitum absentiam, veluti minore quadam aula in prandio et coena cum sua familia utitur, multis modis instauravit. In primis fenestram illic aperuit quadrangularem habentem crucem, ubi antea fumarium ineptissimum videbatur: ipsum vero caminum decenter ubi nunc est et ad altitudinem tecti excitavit; addidit et cubiculo non ignobilem ex assulis ac perpolitam testudinem. Dehinc, ambulacrum abbatis cum sacello ad privatam orationem erexit a fundamentis; atque assulis non indecenter dolatis, eidem ambulacro devexum solarium et cameram adponi mandavit. Hoc ipsum etiam in minore suo effecit cubiculo. Quid memorem solarium amplissimum, hoc est horreum pensile, in domo languentium monachorum? Quid pavimentum peristyliorum (claustrum nunc vocant) sub fornice videlicet utriusque portae? Quid de novis cellis, et, ut illi loquuntur, novo dormitorio? Annon omnia benignitate et liberalitate Thomae abbatis nunc sunt constituta quae prius nusquam fecerant?

Et, ne quis secum reputet multa ex his parvo aere ita confecta ut nihil unquam gravioris operis sit aggressus, subscribam magnifica quaedam aedificia quae variis locis per eundem sunt erecta. Illud in primis occurrit quod in sui monasterii agro, seu mavis Strathily baronia, nunc cernitur. In formam arcis illic satis amplam nec minus fortem a fundamentis construxit domum, anno Servatoris Christi quinto et vicesimo supra sesquimillesimum. Huic domui porticum cum gradu lapideo pro foribus adjecit. Proximo, ad paranda cibaria, elegantem popinam cocis erexit. Atque in arcis ambitu, veteres et cariosas aedes, in usum postea futurum multiplicem, instauravit per singula.

APPENDIX TO THE PREFACE.

Anno praeterea domini millesimo quingentesimo tricesimo secundo, aere maximo apud suam ecclesiam ab Ellone magnificam et amplissimam ab ipsis fundamentis domum erexit, quam postea imbricamentis etiam ligneis voluit contectam. Ipsi templo ab Ellone multa addidit necessaria, ut in tecto et pavimento redintegrando; nonnulla ad ornamentum, de quibus infra scribimus. Pene similia effecit suae ecclesiae apud Rosciam, quam dicunt Awacht nomine. Ita accuratus et vigilans pastor ad singula intendit oculos, quasi nihil laborum ac curarum suis posteris relinquere cupiat. Duo moletrina apud Strathily aedificavit. In Kynlos, domum satis amplam ad torrenda grana priusquam in moletrinum deferantur erexit, quam ustrinam nomine admodum apto dicere possis. Et, ut minutula persequar non minus tamen necessaria, moletrinam a Kynlos, ambulacrum a peristylis claustroque ad aegrotantium monachorum aedes, religiosorum culinam, et domum majorem ubi salmones saliti asservantur; haec omnia in contignatione, tabulatis, postremo et tecto reparavit. Erexit et domum alteram lapideam, supra monasterium ad duo millia passuum, ubi salmones cymbis et retibus capti nunc asservantur.

Studiosius etiam ad rem sacram faciendam suique monasterii decorum pleraque argentea vasa, sacras vestes, et id genus alia e continenti Galliarum et Flandriae in Kynlos magnis impensis advehi curavit. Ac, ut rem ipsam in ordinem aliquem referamus, de singulis hic quasi per transennam et obiter viderimus. In primis, thecam argenteam (vas Eucharistiae vulgo dicitur, id est, sanctifici crustuli sacrosanctique panificii) affabre et multo confectam opere ad sesquicubitum sese attollentem et non poenitendo pondere in Kynlos advexit. Alteram itidem thecam, eodem artificio et opere, paulo tantum minorem priore (hujus in meditullio divi Hieronymi ex argento effigies erecta est) in venerationem osseae particulae divi Hieronymi quam illic postea inclusit, importari curavit. Et, ad ministerium sacrificorum, quatuor argenteos calices quaquaversum deauratos, duas phialas, pollubrum magnum satis, et ad infundendam in malluvio aquam.guttum, thuribulum in quo thus adoletur; omnia haec argentea, sua opera, suis impensis, in suum monasterium devexit.

Atque in usum mensae suae pateras seu crateras quatuor argenteas (vulgo tassias dicunt) coemit, quarum uni accedit et argenteum operculum. Emit et sex cumanos ex argento calices, sive malis obbas aut siphunculos (plebei vocant goubbelettos) dicere; uni etiam horum additum est operculum. Emit quoque salinum argenteum, ac triginta quinque cochlearia.

Rursus, ad templi ornatum, tria candelabra ex aurichalco incredibili opere confecta, magno aere redemit; quorum duo ad instar columnarum formata sculptarum proxime ad summam aram locavit; tertium vero, quod est in quinque dissectum brachia sive ramos (paschale id vocant vulgares) in faciem chori ad gradum ubi epistolam concinit subdiaconus erigi curavit. Emit et duo alia pensilia candelabra; quorum unum ad summi altaris fornicem, alterum in magno abbatis cubiculo, nunc etiam propendet. In turri autem campanarum tres magni ponderis nec minus sonoras campanas apposuit; harum nomina sunt, ut inscriptio satis edocet, Maria, Anna, et Hieronymus. Dedit et catarram sive vas perpulchrum ex aurichalco in usum lustralis aquae et benedictae circumferendae cum aspersorio. Dedit et duo paria organorum musicalium; duas quoque sellas seu cathedras, quibus cantor et succentor chori diebus sermonum insiderent.

Non est praetereundum silentio quo pacto tabulam statuaria et pictoria arte deauratum in sacello Divae Virginis et Matris apud Kynlos collocarit. Ita melius intelligent posteri quam promptum sit benefacere, si quis animum intenderit suum; e diverso, qui ocium sectantur, cum nihil audeant magni, saltem optimos et ad honestissima quaeque intentos viros sua laude non fraudabunt. Consecravit igitur Deiparae Virgini tabulam omnibus numeris (ut videre est) commendatissimam. Et ejusdem operis minorem multo in sacello sui ambulacri tabellam ad usum privatae orationis constituit. Advexit quoque statuas tres admodum venustas; unam Servatoris, quam columnae turris campanarum ad summi altaris dextram adjecit; alteram divi Hieronymi, quam sinistrae columnae e regione Christi stantem admovit; tertiam vero divae Annae, in sacello proxime ad portam majorem templi, qua parte est in septentrionem prospectus, reposuit. Anno praeterea a verae pietatis initio millesimo quingentesimo vicesimo nono, in exhedra monachorum in templo (trito satis nomine chorum vocant), subsellia affabre sculpta cum hostio posuit, et utrinque sacratiorem templi partem cancellis ad arcendam plebem in adytum irrumpentem obfirmavit.

Memor etiam fragilitatis humanae, ut boni pastoris exemplum successoribus relinqueret, et non ad captandam gloriam, sepulchrum sibi ipsi, inter duas sacelli Divae Matris columnas, lapide quadrato in altum excitavit. Nec defuit illi quem in hac parte sequeretur author, vir optimus abbas Joannes Ellem, qui tabulam incomparabilem majoris arae in Kynlos suo aere adportavit; is etiam, constituto sibi sepulchro, in Divae Matris sacello ad austrum sepultus jacet.

In ornamentum vero sacrificorum dominus Thomas ex auro textili et florulento vestes sacras, transmisso ad id negocii in Flandriam domino Roberto Cumein, anno salutis humanae 1520, videlicet cappam unam, ac casulam, duos dalmaticas, in Kynlos apportavit. Emit et alias vestes purpureas ex villosa bysso, hoc est, casulam, tres dalmaticas, duas alias casulas byssinas ac villosas thalassico seu veneto colore, cum suis dalmaticis. Totidem casulas ex bysso palmatam unam et rubram, alteram candidam et undulatum cum suis ex dalmaticis; ex holoserico caeruleo casulam, cum duabus dalmaticis; quibus omnibus laterales fibrae aureis staminibus et opere phrygio Divorum imagines filis byssinis purpureis, coccineis, et hyacinthinis intertextas habent. Accedunt et singulis vestibus certae ac propriae albae, stolae (oraria vocat Hieronymus) et id genus reliqua in vestium complementum necessaria. Rursus casulam unam, cum duabus dalmaticis semisericis, (vorseticas, patria lingua solent dicere) nigris, cum albis, stolis, et aliis ad rem divinam pro mortuis faciendam, procuravit. Octo praeterea casulas, quarum usus est ad litandum in privatis altaribus. Addidit et mitram, seu tiaram rectius, gemmis ac margaritis non indecenter variegatam distinctamque. In cappis autem (quas vocant) praeter illam florulentam ex auro textili cujus paulo ante mentionem fecimus, septem alias aureis et hyacinthinis filis rite quaquaversum phrygiatas in suum monasterium advexit, unam ex villosa et bysso cyanci coloris, duas itidem villosas et byssinas nigricantes, totidem porraceas etiam ex bysso, ac duas ex bysso palmata et undulata. Proxime his accedunt duae nigrae ex semiserico, quarum usus in mortuorum funeribus et litationibus. Ac ne per incuriam statim inepte tractando ac perturbate deficerent, in loco pro foribus sacrarii aptissimo arcam ligneam quadrantis in morem, ubi nunc hujusmodi asservantur vestes, fabricari fecit. In similem usum, pro suis vestibus et tunicis, duos abacos (vulgo conservatoria nuncupantur) perpulchre sculptos, alterum in suo ambulacro, in cubiculo suo alterum composuit.

Nec minus accuratus fuit in ornanda ecclesia sua ab Ellone, cui parem tabulam pictoria et statuaria arte deauratam cum illa Beatae Matris et Virginis apud Kynlos, de qua paulo ante sumus locuti, contulit. Restituit quoque illic majus altare tabulato ubi et divae Annae statuam collocavit; paravitque nova in choro subsellia; et vestes ad rem sacrum faciendam tres, casulam videlicet ex bysso palmata, duas dalmaticas, cum albis et id genus reliquis, liberalissime coemptas, dedit. Posuit et in sacello apud Strathily non contemnendam Divae Virginis et Matris in sole statuam.

Ad usum praeterea suae familiae, cratem ferream (vulgo caminum dicunt) octingentorum pondo, duos cacabos aheneos ad cerevisiam conficiendam, vasa stannea multiplicium formarum ducenta ex Anglia, et alia multa in usum quotidianum, lectulos plumeos quinquaginta cum reliquis eorum appendicibus, et ad integendum lectos octo et viginti peristromata (vulgo arresbeddis) lectissima, duo pulvinaria nigra ex villosa bysso, cum quatuor et viginti aliis opere plumario, (Graeci dicunt a liciorum varietate multiplici polymitarium), paravit non parva pecunia sua monasterio.

In constituenda selectorum codicum bibliotheca, ad quam toto spiritu fertur Robertus abbas, non levem etiam operam praestitit. In primis invexit Vetus ac Novum Testamentum sex voluminibus cum receptis illis glossis distinctum, quatuor Vincentii volumina, tria Chronicorum Antonini, tria Epistolarum divi Hieronymi, Opera deinde Hieronymi quinque voluminibus, Opera Ambrosii duobus, Opera Chrysostomi quatuor, Gregorii uno, et altero Bernardi, Summam Aquinatis uno, Sententiarum commentarios Scoti duobus, Sententias Joannis Majoris duobus, Commentarios Aquinatis in Epistolas divi Pauli duobus, Augustinum de civitate Dei et Trinitate uno, totum jus pontificium cum glossulis, et alios complures sermonum libellos; quae omnia in nova bibliotheca et in usum studentium in monasterio asservantur. Curavit et duo volumina in membranis, missale videlicet unum, graduale alterum, apud Culross exscripta suo aere, ad monasterium adferri.

De annuo vero hujus monasterii censu, non est in proclivi dicere quantum aliorum abbatum negligentia decesserit, et quantum unius Thomae vigilantia accreverit. Res est major intricatiorque quam ut possit brevibus complecti. Hic tamen tabellam consignabimus eorum quae Thomas abbas in initio suae administrationis adinvenit, ut cum duplicata jam omnia audiverit lector, authoris prudentiam et labores agnoscat.

TABELLA EORUM QUAE, 1500, THOMAS ABBAS
IN CENSU A KYNLOS ADINVENIT.

Primo, Summa annua firmae (quam vocant) baroniae a Kynlos,
fuit . . . . . Marc. Scot 114.
Summa annua burgi a Finderne . . Marc. 20.
Summa annua baroniae a Strathily . . Marc. 147.
Item, villae a Leithnocht . . . Marc. 6.
Item, villae a Frefcilde . . . Marc. 4.
Item, a Dundurcus . . . . Marc. 10.
Item, ab ecclesia Ellone . . . Marc. 252.
Item, ab ecclesia Awacht . . . Marc. 72.
In granis, e baronia a Kynlos . Celdras (ut vocant) 8, et bollas 2.
Item, ex Strathily . . . . Celdras 7.
Item, e nassis (vernacula lingua ly yaris)
salmonum . . . . Lastas 2.
Item, ex annalibus Inverness et Foress . Marc. v. d. xl.
Item, e firmis et annuis in Elgyn . . Marc. 2.

Tantulis ergo bonis egregium monasterium a Kynlos tunc oeconomorum et abbatum oscitantia perditum fuit; ubi suum munus exercere coepit Thomas abbas omnia in melius mutari, ac brevi temporis curriculo duplicatis fere omnibus (ut etiam nunc clarissime constat) infinitis exundare bonis visum est. Ita promptissimum est judicare quid distent (juxta parœmiam) acra lupinis. Sic prudentissimus paterfamilias multa congerit studiose quae ineptissimus quisque longe facilius inutiliter effundit. Sed jam prosequamur reliqua.

Sunt et salmonum piscationes in aquis ab Ithane, proxime ad illas aedes quas paulo ante commemoravimus recenter in Ellone structas, domino a Finlater addictae; eas Thomas abbas, grandi annumerata pecunia, in novemdecim annos futuros conduxit Initium hujusce rei fuit anno 1532.

Eodem anno quo isthæc gerebantur, apud novum burgum a Setownem, domum lapideam in aliquot officinas distinctam ac locabilem, ad usum nautarum peregrinorum commeantium, magnis impensis, cum solario exstruxit. Et cum illa curarentur, tres etiam calices argenteos intus tantum deauratos ad peragenda sacrificia suo monasterio emptos tradidit.

In sequenti, vero, anno coquinam ad suam aulam amplissime exstructam in Kynlos adjecit, in qua ad utramque partem duo fumaria fornicata adposuit. Coquinae accedit unus atque alter furnus, pistrinum, et domus altera ad farinae custodiam; omnia cum solario ejusdem Thomae abbatis impensis decentissime exstructa.

Nuper etiam transegit de constituendo ponte super torrente fluentis et defluentis maris juxta portam monasterii. Parantur indies ad eam structuram lapides, et ante proximum Pascha (ut speratur) res finem adinveniet.

Sed longum forte est, quod damus; operae precium fuerit quae magis ad hominis excellentiam spectant paucis indicare. Sic virtus ipsa ignota multis jam caput exerere incipiet. Ac constabit facillime quam magnus erat futurus dominus Thomas, si ea cupiditas honorum qua plerique tenentur insedisset animo; immo, quanto maximus qui illa quae caeteri mirantur, contentus sua sorte, semper spreverit. Voluit Scotorum Rex, Jacobus illustrissimus ejus nominis quartus, dominum Thomam in primarium sui instituti locum per Scotiae provinciam transcribere. Sed modestus et frugalis vir maluit exiguum et tranquillum sua opera exstructum locum possidere, quam denuo cum adversariis multis in amplissimo a Melross monasterio fluctuari. Eadem ratione, alterius amplissimi monasterii a Dribrocht aequam a Formano archipraesule et Scotiae legato datam conditionem, neglexit. Nec episcopatum Rossiae, toties ab amico praesule domino Roberto Cokburne oblatum, unquam (ut exitus postea docuit) magni fecit.

Usus est praeterea sui ordinis authoritate summa ad visitationem (quam vocant) per universam Scotiae provinciam. Atque ex officio saepiuscule monasteria a Deire et Culross in suis ceremoniis collapsa restituit. Imperante etiam Jacobo quarto, et authoritate ordinis qua in ea parte fungebatur, abbatem a Melross dominum Gulielmum Trumbull virum parum frugi, et in Regem, ut ferunt, clanculum seditiones molientem, propria dignitate exuit coegitque in monasterium a Cupro migrare.

In literarum studiis quoniam illi non licuit ut supra docuimus a multitudine et turba negociorum versari, quicquid accepit damni in uno atque altero monachorum sarcire curavit. In primis dominum Jacobum Pont, studiosum utpote hominem, Aberdonias in fratrum praedicatorum collegium formandum literisque divinioribus imbuendum transmisit. Erat tum temporis in eo loco vir pius frater Joannes Adami, Dominicani ordinis in Scotia primas et theologiae scholasticae doctor insignis, cuius auditor nequaquam ineptus fuit dominus Jacobus. Ubi accepisset abbas illum proficere, non multo post alterum similiter monachum ad literas apposite natum, cui nomen est domino Waltero Hethon, eadem cura instituendum eo destinavit. Postquam comperit abbas utrunque in illis literis sufficienter promovisse, ut jam posset uterque domi studendo et docendo per se graviora indies cognoscere, ad monasterium ambos revocavit. Dominus Jacobus subinde, aliquot ex junioribus fratribus domi in diatribis non segniter scholasticis exercuit; domino autem Waltero cessit cantoris chori provincia quam etiam nostro tempore retinet. Uterque bonus, et nostrorum (nisi fallit opinio) studiorum non fucatus admirator.

Sed jam ad dominum abbatem aequum est nos redire. In pietatis officiis nequaquam segnis fuit; saepe eleemosynam Dominicanae et Franciscanae familiae fratribus liberalissime erogavit. Ac multo benignior in summe calamitosos et infimae sortis homines.

In agnatos et affines, quos habuit frugales simul et bonos, adeo munificus fuit, ut cum magnorum sacerdotiorum episcopis non inique comparari queat. Potissimum in collocandis nuptui virginibus ut honestam cum nobilibus viris transigerent vitam, impensissime semper laboravit, ac omnia felicissima transegit.

Inter omnes tandem domini Thomae abbatis conatus, ille potissimus semper videri poterit, quo virum cum literis tum civilium curarum [administratione] praecellentem Robertum Reid in successorem nominavit. Hujus Roberti nunc prudentia et vigilantia tanta est et domi et foris, quantum vix per universam Scotiam in altero offendas; nihil unquam, vel in religione non solum honestanda sed retinenda quoque, appositum magis esse dixeris. In reipublicae vero multiplicibus curis nihil unquam vigilantius aut etiam incorruptius atque expeditius videre poteris. Faxint Superi ut illa quam de homine omnes fere concepimus expectationem aliquando potiamur. Tunc copiose tantae rei authoris laudes annumerabimus, et Roberti abbatis dotes, in utroque homine maximas, soluta vel numerosa oratione pangemus, acriori itidem spiritu. Sic aequum est utrique meo Maecenati, quorum beneficio nostrae nunc respirant Musae, si non parem saltem candidi animi erga illos gratiam aliquando referre. Hoc vellet Optimus Maximus Jesus ut, utroque abbate salvo et nobis, ea quae nunc animo concepimus in lucem aliquando scripta proferre valeamus.

In praesentia forte aequum fuerit huic negotio finem imponere, quousque aliud contingat cognitu simillimum, vel etiam majus.

Haec igitur ferme sunt domini Thomae abbatis in utraque vita opera magis insignia quae nos extare cognovimus. Vivit adhuc, et spes est bona cum non pauca longe optima curaturum. Id Christus ut concedat una voce omnes, quibus intercessit cum homine familiaritas, jugiter deprecamur. Amen.

FINIS.

Appendix de morte domini Thomae Abbatis.

Ut res sunt mortalium fragiles, cupiebam tumultuario hoc rerum gestarum compendio domino meo seniori domino Thomae Crystallo abbati a Kynlos, Calendis Januariis, veluti strenae munusculo gratificari: ecce quaen unquam non adest nostrum conatum antevertit mors. Homo erat jam vergentis aetatis, et superiori aestate in aquam intercutem deciderat; sed opera medicorum sibi utcunque reddita tumores tantum pedum et crurium patiebatur. Ac spes erat cum diutius victurum et vitam paralysi finiturum. Verum aliter multo evenit. Quum hominem puderet illius tumoris, procuratum est ab amicis ut medicae artis peritioribus viris sese committeret. Suorum igitur hortatu virum percelebrem M. Hectorem Boethium ad se vocavit: qui cum perspexisset singula, nec ullam restituendae sanitatis spem agnosceret, ut aegroto tamen ac illius amicis aliqua ex parte morem gereret, paucula quaedam morbo aptissima tradidit observanda. Frustra, nimirum frustra; quippe sic irritatus morbus tumorem illum crurium ad superiores partes et ventrem promovit. Id quum rescisset medicus, foeculenta duritiemque alvei clysteribus et suppositoriis educere tentavit. Nec itidem hoc pacto successit. Nam ea nocte, quae sequitur quartum Calendarum Januarii, hora ferme undecima in sua arce Strathilly, vitam morte vir optimus dominus Thomas commutavit.

Sed, ut rectius intelligat hominis pietatem quisquis ista leget, paucula hic quemadmodum sunt gesta literis consignabimus.

In primis, solicite egit ut populo sibi commisso in una atque altera baronia priusquam e vivis cederet, foret consultum. Multa de suo annuo censu per singulos in perpetuum dimisit, et aliis plerisque largitus est varia.

LIFE OF ABBOT THOMAS CRYSTALL. 43

Deinde Pauli tertii Pontificis summi diploma (quo cavebatur ut exomologesi rite peracta, triduanoque jejunio, et sacrosancta synaxi suscepta, Christi fideles omnium peccatorum veniam consequerentur) religiosissimo triduo quam moreretur adimplevit.

In mortis articulo, sacro primum ceromate delibutus, non semel pientissimi Jesu misericordiam imploravit, petiitque a suis familiaribus si quid acrius interdum in illos fecisset sibi, in Illius nomine qui pro nobis pependit in ligno, condonarent; remittebat ille vicissim non solum suorum familiarium sed omnium hominum adversum se noxam. Et frequenter divum Hieronymum, quem praecipuum habuit dum viveret inter Divos patronum, inclamabat, ut, detersa omnium vitiorum in hoc mundo contracta macula, se Domino Jesu conciliaret. Postremo, ubi destituisset cum sermo, infinities crucifixi typum osculabatur, et sublata manu se crucis signaculo identidem muniebat. Ac dum talia verae pietatis argumenta designat vir laudatissimus, animam Christo reddidit.

Et ut paucis rem totam complectamur : natus est anno Domini quadringentesimo septuagesimo octavo; egressus vero decimum octavum aetatis annum, sub domino abbate a Kynlos domino Guilielmo Galbreth, factus est Cisterciensis instituti candidatus ; deinde, revoluto nempe anno, est regulam divi Benedicti professus, et serie quadam decenti paulatim in sacerdotii gradum provectus; insignitus nimirum sacerdotis charactere sub praesule Rossensi, ultima quadragenarii jejunii hebdomade ; ac tertio Paschae die, proximo cum fuerat initiatus, suum primum sacrum peregit. Idque contigit sub novitiatu domini Davidis Spensi, cujus (etiam tum diaconus) in his quae ad caeremonias religionis spectant institutor dominus Thomas fuit. Post aliquot vero annos, justa videlicet de causa, a domino Guilielmo Culross declaratus est monasterii a Kynlos abbas : et a praesule Brechinensi cognomento Meldron in abbatem sub festum Joannis Baptistae inunctus, ad suum monasterium rediit; rursus in celebritate assumptionis Beatae Mariae Virginis et Matris primum suae in abbatem promotionis sacrum magno nec minus religioso ornatu peregit. Ab eo vero tempore, in constituendo suo monasterio, in adversariorum contentione, in instaurandis per vetustatem ruinosis aedificiis, in ponendis et excitandis novis aedibus, in emendis cum ad usum suae familiae tum sacrificiorum vasis argenteis et sacris vestibus, in cogendis aliquot collapsis monachis in ordinem, et id genus aliis pene infinitis, totus fuit.

Ac quum videret ab aetate se in communem mortem properare; ut suis in longam consuleret aetatem laboribus, anno sexagesimo postquam natus erat, virum omnibus modis celebratissimum, et ecclesiae Moraviensis subdecanum, M. Robertum Reid, nunc Mecaenatem meum, in futurum abbatem delegit. Post successoris electionem annos plus minus septem vixit. In summa, ab eo anno quo primum editus est in lucem dominus Thomas ad extremum vitae diem, etiam ipsius confessione, annos septem et sexaginta absolvit. Tertio autem Calendas Januarii delatus ad monasterium sub noctem in sepulchro a se constituto proxime ad summam aram tumulatus est.

1535.

REQUIESCAT IN PACE.

AMEN.

Tumulus Reverendi Domini Thomae Crystalli, Abbatis Monasterii a Kynlos bene meriti, per Joannem Ferrerium Pedemontanum.

Si posset pietas mortis cohibere furorem,
    Haud foret extinctus relligionis honos.
Si recti officium posset consternere mortem,
    Viveret officiis officiosus homo.
Si structura queat Parcarum vincere leges,
    Vicerit hic tetrae stamina iniqua Deae.
Nulli relligio major; solennia Divum
    Tam sancte excoluit, munere, thure, prece.
Intulit hic Tyrias vestes, atque aurea dona,
    Queis chorus ornatus prodeat ante Deum.
Instaurat templum, supremi et culmina tecti
    Jamdudum pulchris texerat imbricibus.
Arcem constituit, magna atque palatia : fixa est
    Ædes jam multis conspicienda locis.
Sustulit et lites longo molimine natas,
    Ut referat liber libera jura suis.
Restituit lapsos Μοναχούς, formavit et auxit
    Hinc Cerere, hinc Baccho, muneribusque piis.
Largus in affines, multos celebrare Hymenaeos
    Edocuit, largus munere, consilio.
Quod mirere magis, post funera prospicit (ut se
    Mortalem novit) linquere posse parem.

Virtute insignem Robertum signat, et addit
   Imperio, huic cura est relligio, studium.
Nullus post Reges, jacta et fundamina sacrae
   Ædis, in hunc statuit commoda plura locum.
O nimium faciles Parcae, quae abrumpere vitam
   Audetis, cui par vivere posse diu est.
Sed frustra audetis; coelum sic reddite, vitam
   Pro morte aeternam, dulciaque arva date.
Vos etiam ô Superi, vestrum defendite Μουσῆν:
   Accipite hanc animam moenia in alta, choros.
Dia Parens Virgo, extinctum ne sperne ministrum,
   Saepe tuis aris dona Sabaea tulit.
Vos fratres, cumulate piis altaria donis:
   Dicite Iô Jesu, sic bene erit cineri.

Alter.

Chrystallae gentis laus maxima, maxima Kynlos
   Cura decusque simul, conditur hoc tumulo.
Non tamen hic tumulus totum capit; altera terrae
   Pars cedit, coelique altera regna subiit:
Sunto igitur tumulo lachrymae, bona verba, precesque;
   Sic par est manes condere rite pios.
Obiit anno suae aetatis sexagesimo septimo, ea nocte quae sequitur quartum Calendarum Januarii, hora pene undecima, Strathily, 1535.

TO ΤΕΛΟΣ.

Hujus abbatis tempore dominus Joannes Gordonius, comitis Alexandri filius natu major, quorundam nebulonum impulsu, anno Domini 1515, die 27 mensis Decembris, irrumpebat sub vesperam in adyta Monasterii a Kynlos, ac scrinium cujusdam honestae matronae dominae Margaretae Mouat, in quo asservabantur aliquot scripturae cum nonnullis pecuniis, confregit. Suppilatis quoque scriniis, in Gallias profectus est. Sed numine ob scelus patratum agitatus, non potuit apud Gallos diutius vivere, Scotiam subinde cogitans. Ubi rediisset, nequivit alicubi conquiescere nisi in Kynlos: quo in loco gravatus morbo vitam morte commutavit duobus annis post scelus admissum, eodem mense, die vero quinto; exemplum sacrilegis praebens, quae poena eos maneat. Quotquot sunt cum comitati in effringenda ecclesia a Kynlos, paulo post mortui sunt omnes turpiter, uno excepto Jacobo Dumbar a Tarbate, quem poenituit facti, et veniam petendo obtinuit.

Sub hoc abbate suscepti sunt in monachatum viri qui sequuntur:—

Primum, dominus Patricius Fothiringame, qui obiit nostro tempore 1532, mense Augusti, mane in divi Bernardi festo. Interfuit funeri Robertus abbas.

Dominus David Murray, qui e Scotia profectus adhuc vivere dicitur.

Dominus Jacobus Pont, aliquando supprior, nunc confessor, vir probus; de quo in vita Thomae abbatis plura scribimus.

Dominus Valterus Hethone, cantor chori : de hoc viro plura in vita Thomae abbatis.

Dominus Robertus Comynus, dudum guardianus, nunc granorum custos.

Dominus Joannes Person, nunc institutor novitiorum Belloci, sub Roberto abbate Kynlocensi suo, et Belloci priore.

Dominus Joannes Smyth, nuper supprior, jam monachorum confessor, simul et bursarius.

Dominus Servanus Browne, nunc piscationum custos.

Dominus Gulielmus Browne, nunc sacrista.

Recepit et adolescentulum alterum bene litteratum Jacobum Dekison, una cum domino Gulielmo Browne. Sed cum puer non posset monachatus labores perferre, volens in novitiatu demissus est, qui eo anno apud patrem suum vitam morte commutavit.

Dominus Patricius Toud, laicus monachus, qui obiit A.D. 1637, die decimo septimo Maii, sub Roberto Abbate.

Dominus Thomas Masone, qui nuper post longam aegritudinem die Jovis decimo quarto Januarii, oleo infirmorum et sancto pomeridiana hora ferme tertia inunctus est. Ac die decimo octavo, hora pene quinta mane, ejusdem mensis, migravit ad Dominum. Egit annos plus minus triginta quatuor. Requiescat in pace. Amen. Mense Januarii 1535 calculo Romano. Fuit vir satis studiosus.

Dominus Richardus Sand, nunc oeconomus conventus.

Dominus Jacobus Portar. Is fuit ante monachatum sacerdos.

Dominus Thomas Haistie, nunc in Belloco supprior, sub abbate suo Roberto Reid.

Dominus Gulielmus Forsyth, nunc comes abbatis sui Roberti Reid.

Dominus Gulielmus Lyell, jucundus homo.

Dominus Adamus Riddall, nunc chori succentor.

Dominus Archibaldus Braidwod, nunc guardianus, seu cellerarius potius, quondam Domini Thomae abbatis comes primarius.

Dominus David Spens jam sub Roberto abbate prior, vir adultae aetatis, 3 cal. Aprilis oleo infirmorum et sancto hora octava mane inunctus est, ac in crastinum, hora pene septima, 1538, migravit ad Dominum. Egit annos plus minus septuaginta quatuor, de quorum numero quinquaginta novem in monachatu complevit. Requiescat in pace. Fuit vir certe pius et humanus.

Item 1539, Dominus Joannes Person, vicesimo sexto Decembris, post longam et variam aegrotationem migravit ad Dominum.

ABBOT ROBERT REID.

De hoc viro qui vivit, et cum eo agimus familiariter, tantum consignabimus paucula quae contexendae historiae aliquando inservire possint. Primum nobili simul et honesto loco natus in Akynheide utrosque claros habuit parentes; Joannem Reid patrem, qui cum Jacobo ejus nominis quarto Scotorum Rege apud Floddun, viz., in Northumbria, occubuit; Bessetam Schanwelle matrem, germanam viz. abbatis a Cupro domini Joannis Schanwellii et Magistri Roberti Schanwellii nunc etiam vicarii a Kirkaldii. Educatus est apud avunculum magistrum Robertum, Archiepiscopi Divi Andreae officialem, in ipsa urbe Divi Andreae, ubi artium liberalium et magister in collegio Divi Salvatoris, sub collegii praeposito M. Hugone Spens theologo clarissimo, creatus est. Deinceps cum esset moribus spectatissimus electus est in successorem honesti viri subdecani Moraviae domini Gulielmi Winchester: post paululum vero temporis per mortem domini subdecani ita egit in eo munere ut duobus praesulibus Moraviae, hoc est magistro Jacobo Hapburn, et domino Roberto Schawe, fuit longe gratissimus, et sub his egit officialem (quam vocant) non inepte. Habebat dominus Robertus Schawe in animo hunc deligere in successorem suum, nisi mors immatura illius conatum abrupisset. Interea tamen multis nominibus satagebat rerum suarum dominus Thomas Chrystall ut in constituto vel potius restituto per se monasterio non oscitantem relinqueret successorem. Obtinuit itaque, quamvis aegre, ut M. Robertus Reid, quo de nunc agimus, hujus loci provinciam in se reciperet; id quod factum est sub anno domini 1526. Anno vero domini 1527 profectus est Robertus Reid Romam, pro diplomatibus monasterii a Kynlos, in pontificatu Clementis septimi, paulo post eam cladem quam Borbonius

Dux urbi intulit. Signatis tandem diplomatibus, sub initium anni 1528 urbem reliquit, Scotiam identidem cogitans. Tunc temporis nos, exacto pene triennio, Parisiis magisterium (quam dicunt) liberalium artium acti eramus, atque oblata conditione, cum esset in animo horum mores agnoscere, addidi me Mri. Roberti Reid comitatui, conciliatore viz. viro Scoto Roberto Richardino, qui exegesin in Divi Augustini regulam conscripsit. His itaque auspiciis in Scotiam veni; sed de nobis paulo inferius. Nunc ad M. Robertum Reid properandum est. Solvens Lutetia patronus jam noster paulo post pascha Dieppam venit, ubi, transmisso ad Reyam mari, Londinum profectus est, ac deinceps in Scotiam et in Kynlos. Sub autumnum, compositis cum predecessore suis rebus, ex Kynlos Edinburgum rediit, et illic apud minores fratres, domini Gavini Dumbar Aberdoniarum praesulis ministerio, in abbatem inunctus est. Post, rediens ad monasterium, ex more suo, conventu est exceptus, et in capitulum admissus, ut fit, omnium patrum erga se obedientiam suscepit. Deinde litem majorum oscitantia adversus Forenses pene extinctam de quadam possessione a Burgyne excitavit, ac etiam vicit, cum ipsis Forensibus; in qua obtinuit, recto judicio, duas suo monasterio cymbas. Curavit etiam per literas regias pagum suum a Finderne in baroniam burgum (sic vulgo loquuntur) cooptari. Nuper quoque portionem piscationum unius cymbae quam occupabant Forenses, annumerata operanti quadam pecunia, redemit. Sub annum Domini 1530 accepit in commendam monasterium Belloci, in quo multa quotidie digna posteritate facit. Ibi hoc anno 1537 suscepit juvenes in monachatum quinque, quos adjecit duobus aliis paulo ante a se receptis; ac indies parat lapides ad templi ejus loci (quem vocant navem) construendum. Sub annum autem Domini 1533 missus est ab rege Jacobo ejus nominis quinto, una cum Aberdonarium praesule domino Gulielmo Stuart, legatus ad Henricum ejus nominis octavum Anglorum Regem, pro pace ineunda inter Scotos et Anglos; quod etiam obtinuit. Rursus solus ad eundem regem missus auspicacissime munus suum peregit. Inde semel atque iterum ab Henrico rege multis vasis argenteis donatus ad suos rediit. Item bis legatus in Gallias ad Franciscum regem, ejus nominis primum, pro sui regis matrimonio, profectus est sub annum Domini 1535 primo, deinde sub annum 1536. Nunc et aliquot annos inter Jacobi quinti Scotorum Regis consiliarios non infimam partem tenet meritissime, cum ob juris utriusque peritiam tum vitae modestiam, qua plurimum valet. Habet etiam resignationem vicariae a Kirkaldy ab avunculo suo magistro Roberto Schanwelle, qui adhuc vivit. In monasterio autem a Kynlos parat quotidie multa ad novas viz. structuras, et hoc anno 1537 tres arcus in claustri angulis extruxit; nunc manum admovit novo columbari proxime ad monasterii moletrinum; identidem ad fornices magni cubiculi abbatis cum aulae suae instauratione. Instituit praeterea satis copiosam in omni disciplinarum genere bibliothecam, quam nos alio libello designavimus, et ne quid desit jam aggredietur domum elegantissimam quadrato lapide in quo libri asserventur. Hujus abbatis reliqua quae quotidie facit vel etiam facturus est, si vita suppetat, observabit et in commentarium mittet posteritas ut puto gratior. Suscepit hic abbas sub initio sui magistratus in monachatum dominum Thomam Broun, nunc superiorem; et cum eo alterum cui nomen est domino Jacobo Burt, juvenem ad literas aptum satis, si animum intenderit suum: hos duos meae curae traditos, quantum licuit per eorum in religione occupationes, ad bonas literas et universam philososophiam inflammare non destiti hos quinque annos totos. Suscepit et biennium abhinc optimum juvenem dominum Adamum Eldar, primum artium magistrum Parisiis creatum, et cum eo bonae indolis puerum dominum Joannem Capronium in humanioribus literis bene eruditum. Quantum uterque debeat nostris musis et rectis admonitionibus dicent (scio) melius nobis.

JOANNES FERRERIUS PEDEMONTANUS.

Nunc de nobis paucula dicamus, quemadmodum recepimus nos paulo ante facturos apud gentem ignotam, exemplo Hieronimi et aliorum illustrium scriptorum, qui suas etiam vitas literis consignarunt, non ad ostentationem, sed ut in cognitione historiae posteritati consulerent; ita Æneam fecisse legimus apud Virgilium, cum de se in hunc modum loquitur.

Sum pius Æneas victos qui ex hoste Penates
Classe veho mecum.

Itaque, siquis forte requirat patriam nostram, velim intelligat esse Italiam, ex Augusti Caesaris descriptione, qui usque ad Alpium radices Italiam designavit; sin Italiae partem cupiat agnoscere quispiam, sciat esse Insubriam, quae et Gallia Comata olim dicta est. Ac in Insubria eam partem tenemus quam hodie Pedemontanam regionem dicunt. Oppidum autem est in Pedemontio quod suo nomine Cherium vocant, amplissimum et hominum frequentia et aedificiorum structura et divitiarum copia, unde majores nostri originem traxere. Proxime ad oppidum Cherii secundo lapide est aliud oppidum minus, quod suo nomine Rippa prope Cherium vocitatur, in quo lucem aetheriam primum nascentes vidimus sub annum Domini 1502, calculo Romano, in festo Dominicae Annuntiationis. Parentes habuimus ex veteri et nominata satis familia per universam Insubriam non contemnendos. Imprimis Martinum Ferrerium patrem et Catharinam Finellam matrem. Avus meus ex patre fuit Gulielmus Ferrerius, vir consularis et probus, qui annos 103 vixit. Proavus meus ex patre fuit Martinus, avi Gulielmi pater, in re militari strenuus dux et conestabulus (quem vocant) egregius. Abavus autem meus ex patre fuit Thomas

LIFE OF ABBOT ROBERT REID.

Ferrerius, Martini proavi pater, juris utriusque doctor et vir consularis. Sed haec in presentia de genere nostro satis. Primam illam meam pueritiam exegi Rippae; deinde, Cherium a patre missus primum literarum cultum accepi. Illinc transmissus Taurinum militavi sub studiorum humaniorum professoribus Mro. Georgio Carraria, Joanne Bremio, et Dominico Macanico, viris in re literaria minime contemnendis. Anno autem Domini 1525, hoc est nostrae aetatis anno vicesimo tertio, veni Parisios primum, ubi pene triennium totum exegi sub M. Morando, natione Picardo, nunc doctore theologo in Collegio Lexoviensi sub Joanne Tarlasio primario; atque tunc oblata mihi occasione videndae Scotiae cum Mro. Roberto Reid, nunc abbate a Kynlos, sub annum 1528 in Britanniam transivi; et cum eo in aula Scotiae tres fere annos vixi. Sed cum viderem sic meorum fieri jacturam studiorum, petii vel ut mihi potestatem in Kynlos degendi faceret, vel abeundi potius. Ille, cum nollet me missum facere, non gravate permisit ut in Kynlos vitam transigerem. Itaque toto hoc quinquennio vel in instituendis monachis, vel in studio meo privato, vel in commentariis aliquot novis edendis fui. Nunc autem hoc anno 1537, quo haec scribo, Italiam identidem (sin nihil impediat) cogito. Imprimis tamen ad posteritatis memoriam hic consignabimus praelectiones et proborum authorum enarrationes per nos factas in Kynlos toto hoc quinquennio; deinceps subscribemus libellorum per nos eodem tempore editorum titulos et nomina.

ENARRATIONES PROBORUM AUTHORUM PER NOS IN CAPITULO A KYNLOS.

Primo enarravimus Divi Hieronimi ad Paulinum Epistolam cujus initium est " Frater Ambrosius," idque fecimus imperante domino Thoma Chrystallo abbate et administratore a Kynlos;

Item, Dialecticam Georgii Trapezuntii; Item, Officia, Amicitiam, Senectutem, Paradoxa et Somnium Ciceronis; Item, Praxin arithmetices quam nostro marte scripsimus; Item, Sphaeram Joannis a Sacro Bosco; Item, decem libros Ethicorum Aristotelis, Argyropilo interprete; Item, octo Politicorum libros et Œconomicorum duos Aristotelis, Leonardo Aretino inteprete; Item, Dialogos duos physicorum Jacobi Fabri Stapulensis; Item, Paraphrasin Fabri in octo libros Physicorum Aristotelis; Item, Paraphrasin Fabri in tres libros Aristotelis De anima; Item, Introductionem et dialogos Fabri ad Metaphysicen Aristotelis; Item, Paulum Rosseti, hoc est de laboribus beatissimi Pauli libros sex heroico conscriptos carmine; Item, Syntaxin Melanchthonis; Item, primum Psalmum; Item, Quartum librum Sententiarum Petri Lombardi.

ENARRATA IN CUBICULO NOSTRO ALIQUOT MONACHIS PRIVATE.

Primum Syntaxin Melanchthonis; Officia Ciceronis; Praecepta elegantiarum Augustini Senensis; Libros De duplice copia Erasmi; Dialecticen Georgii Trapezuntii; Introductiones, seu mavis, Tabellas nostras in logicen; Parva logicalia Fabri Stapulensis, cum nostris commentariis; Tres primos De coelo et mundo libros Aristotelis ex paraphrasi Fabri; Praedicamenta Aristotelis; Institutiones rhetoricas cum libro De figuris Melanchthonis; Libros quatuor Rhetoricorum ad Herennium; Orationem Ciceronis pro Milone; Bucolica Virgilii; secundum et sextum Æneidos Virgilii librum; Fabii Quintiliani de Institutione oratoris; Andriam Terentii; Rodulphum Agricolam de inventione dialectica.

ENARRAVI PRIVATE DOMINO JOANNI PERSON.

Petri Lombardi quartum librum Sententiarum; Item, Coeles-

LIFE OF ABBOT ROBERT REID. 55

tem hierarchiam divi Dionisii; Item, Ecclesiasticam hierarchiam ejusdem; Item, De divinis nominibus ejusdem; Item, Mysticam theologiam ejusdem.

LUCUBRATIUNCULAE ET COMMENTARII
NOSTRO MARTE EDITI IN KYNLOS.

Primo edidimus Contra receptam opinionem de nomine, pronomine, cognomine et agnomine libellum unum. Item, De vera cometae significatione, ad Jacobum quintum Scotorum Regem, lib. 1. Item, De numerorum praxi, lib. 1. Item, De officiis vitae Christianae, lib. 1. Item, De animarum immortalitate, lib. 1. Item, Epigrammatum variorum, lib. 1. Item, Introductionis ad logicen, lib. 1. Item, In enodationem versiculi Juvenalis, ubi Ciceronem poetam bonum fuisse defendimus, lib. 1. Item, Chorographiae Taurinorum, lib. 1. Item, Vitam senioris abbatis in Kynlos, hoc est domini Thomae Chrystalli, lib. 1. Item, Sylvae, seu observationum pro texenda historia a Kynlos, lib. 1. Item, Auditum visui praestare, contra Aristotelis placitum, lib. 1. Item, De syllabarum quantitate, lib. 1. Item, Commentariorum in Parva logicalia Jacobi Fabri Stapulensis, lib. 1. Item, Annotationes aliquot in acras, lib. 1. Item, Quod Cicero non viderit Virgilium, lib. 1. Item, Orationum encomiasticarum de sanctis, lib. 1.

Item, Epistolarum familiarium ad varios, lib. 8. Item, Bibliothecae selectorum librorum quam Robertus Reid abbas a Kynlos nuper instituit, lib. 1. Item, Totius orbis quadruplicem figurationem, lib. 4. Item, Descriptionis terrae promissionis, lib. 1.

Hic liber est typis impressus Idibus Junii, apud Vascosanum, Parisiis, 1539.

Hic liber est typis aeneis excussus 1559, cal. Junii calculo Romano, apud Vascosanum.

APPENDIX TO THE PREFACE.

INCHOATA NONDUM ABSOLUTA:

Item, Contra parva logicalia, lib. 1. Item, Scholiorum in dialecticen Trapezuntii, lib. 8. Item, Primarum et mediarum syllabarum tabellas, lib. 2. Item, Felicitatis Aristotelis et paradoxorum ad veram Christi felicitatem, lib. 9. Item, Annotationum in Physicen Aristotelis, lib. 1. Item, Annotationum in Ethicen Aristotelis, lib. 10. Item, Annotationum in Politicam Aristotelis, lib. 8. Item, Commentariorum in Œconomiam Aristotelis, lib. 2. Item, Idearum Platonicarum, lib. 1. Item, Annotationum in Officia, Amicitiam, Senectutem, Paradoxa et Somnium Ciceronis, lib. 7. Item, Commentariorum in quatuor libros Apodixium Euclidis per Boethium versorum, lib. 4. Item, Commentariorum in epistolam Divi Hieronimi cujus initium est " Frater Ambrosius," cum typo locorum illic contentorum, lib. 1. Item, Peregrinationis divi Pauli ex Actis Apostolorum pictura (lib. 1). Item, Periclitationes humanae vitae inter virtutes et vitia, lib. 2. Item, De mundi aeternitate adversus Aristotelem, lib. 1. Item, Proverbiorum centuriam, lib. 1. Item, Triplicis in primum Psalmum enarrationis, lib. 1. Item, De recta sacrarum literarum interpretatione, lib. 1. Item, Commentariorum in Paulum Rosseti, lib. 6. Item, Apologiam adversus futilia astrologorum judicia, lib. 1. Item, Annotationum in quatuor libros Magistri Sententiarum, lib. 4. —De his plus satis.

Nunc redeundum est nobis ad domini Roberti Reid abbatis a Kynlos egregia facta.

Obiit sub hoc abbate dominus Patricius laicus monachus 1537, die decimo septimo Maii, de quo supra, in his quae sunt nobis de domino Thoma Chrystall conscripta, locuti sumus. Anno Domini

1538, die tricesimo Martii, obiit dominus David Spens prior a Kynlos, vir bonus et annis plenus. Vixit hic in religione annos quadraginta septem, decimum octavum attingens cum creatus est monachus. Laboravit hic vir cum senio tum morbo gravissimo et continuo a primo die Novembris 1537 usque ad ultimum Martii; ac Idibus Martii, in templo a Kynlosse, se sanctissimo corpore et sanguine Domini nostri Jesu Christi munivit; similiter est oleo infirmorum et sancto tertio calendas Aprilis delibutus; postera vero luce migravit ad Dominum.

Hoc anno 1538 extruxit amplissimam bibliothecam, testudinibus tamen munitam contra ignem, ubi primum fuerat deambulatorium Thomae Chrystall abbatis: ac templum a Kynlos per omnes suas partes plumbo contegit. Contra dominum a Fynlater, nomine Ogylvium, lite quam ante annos sexaginta ceperant abbates a Kynlos de quodam agro in baronia Strahily, nuper vicit. Cum vicecomite Moraviae nunc abbati res est de salmonum piscationibus, et victoriam in re propria et aequa jamjam praestolatur. Suscepit in monachatum duos juvenes, anno 1538, unum cui nomen est domini Davidis Laurok, et alterum cui domini Archimbaldi Bradi 1539, ambos in Maio. Anno 1538 idem dominus Robertus Reid abbas particulam quandam terrarum in Strahily, quam occupabat Alexander Ogylvius a Fynlater jam ante multos annos, post varias juris disceptationes coram dominis parliamenti et rege, tandem recuperavit. Deinde cum Alexandro Dumbar vicecomite Moraviae et Forensibus de aquis a Finderne ita egit, ut quatuor annos totos sibi et monasterio acquisiverit piscationes, ob errata illorum adversus servitutem quam debebant monasterio, ac postremo illos, ut novis conditionibus feudum piscationum a se acciperent, summo et recto jure coegit. Eodem quoque tempore Gulielmum Urquhart periclitantem in hereditate sua per eundem vicecomitem Moraviae ita juvit, ut sit vicecomes sua opinione frustratus, et Gulielmus suo jure, nova quadam per regias literas sasina, in integrum restitutus. Interea in suo monasterio locum ipsum optimis structuris ita exornavit ut post fundatores reges nullus unquam praedecessorum tanta et talia fecit. Primo columbare amplissimum et fortissimum in morem pyramidis construxit; deinde aedes totas, ubi solet diversari ipse abbas, a fundamentis excitavit, adhibitis in inferiori loco ubique fornicibus, magnifica et illustri structura. Atque ustrinum tale erexit quale non facile in Scotia reperias; et proxime ad ustrinum amplissimum domum posuit in qua brasseium paratur; et superiori loco duo horrea ampla valde, ubi grana ad usum monasterii servantur. Utque commodius cum lapides tum ligna e remotissimis locis ad structuras quas moliebatur importaret, longam navim paravit veluti biremem quae viginti quatuor remis ageretur. Anno 1540 aedificavit navem templi a Belloco magnifice ac imbricibus ex quercu paratis magno sumptu. Turrim praeterea campanarum quam decusserat tonitru eleganter restituit. Anno vero 1544 demolitus est illic aedes prioris vetustas simul et rimosas, in quarum locum erexit amplissimam et illustrem domum, cum sex in inferiore loco fornicibus.

Anno 1540, sub Jacobo, ejus nominis quinto, Scotorum rege, declaratus est et inunctus episcopus Orchadensis; ubi quotidie multa parat ad veteres restituendas structuras et novas item aedificandas. Dum ego haererem in Galliis, ad ornamentum suae domus a Kynlos adduxit e Dieppa virum bonum et tamen peritum plantandi et inserendi fructiferas arbores, nomine Gulielmum Lubias, statura procerum et pectore candidissimum; erga optima quaeque, quae multa in his hortis et circa locum, adde et universam Moraviam, effecit utilia valde atque spectatu dignissima; nihil enim est quod possis in preclaro et strenuo homine desiderare amplius nisi careret altero pede, quem ictu bombardae dum prope Massiliam sub suo rege Francisco, ejus nominis primo, in bello navali adversus Hispanos pugnat ardentissime, amisit; est etiam peritus chirurgiae, ut qui multos juverit in obligandis vulneribus toto hoc quinquennio per universam Moraviam.

Ego vero, cum multis precibus et literis ejusdem abbatis revocatus, tum ut mihi plus otii suppeteret in recolligendis meis studiis, sub annum Domini 1540 in festo Paschatis redii in Scotiam; ubi offendi dominum meum declaratum episcopum Orchadensem, a quo sum acceptus humanissime; atque ut ultro mihi reduci gratificaretur, nullo meo impulsu, sed sua sponte, decrevit mihi quotannis quadraginta libras monetae scoticae pro meis stipendiis, ac simul impensam mihi uni meo famulo et duobus equis; et ut hoc ipsum esset fixum sine fraude et dolo malo, amborum literas confecit mihi in hujusce rei testimonium publicas, quibus appendet sigillum commune a Kynlos, cum monachorum omnium subscriptionibus ut vocant manualibus. Eodem anno sum illum euntem ad Orchades comitatus, ut propius ea spectarem quae a veteribus de illis insulis consignata sunt literis. In reditu ab Orchadibus traduxit quinque juniores monachos Belloci ad Kynlos, quos mihi melioribus literis tradidit imbuendos, qui fere triennium apud me fuere, non omnino frustra; ac multo melius elli promovissent, nisi extincto rege omnia statim essent turbiari coepta, ut neque illi justam operam navare literis, neque ego, multis curis distractus, commode eos instituere potuerim; quare eos dimisi ante tempus ut ad suum redirent monasterium; quorum nomina sunt quae sequuntur; dominus Thomas Tognius, dominus David Dason, dominus Joannes Crauford, dominus Jacobus Pop, dominus Gilbertus Gray. Et quia jam mihi non licet, per has turbas quae universam Scotiam occuparunt extincto Jacobo rege, otium meorum tueri studiorum, rursus decrevi primo quoque tempore in Gallias redire. Interea, dum haereo in Kynlos his annis exactis, ne nihil facerem, libellos aliquot qui sequuntur meis auditoribus quam planissime a me fieri potuit enarravi, viz. Secundum librum De copia Erasmi : Item, Orationem Ciceronis pro Q. Ligario : Item, primum librum Officiorum Ciceronis : Item, Dialecticen Trapesontii : Item, libros decem Ethicorum Aristotelis : Item, Topica Ciceronis : Item, Rhetoricen minorem Melanchthonis, cum schematibus : Item, Rhetoricen Melanchthonis majorem : Item, Sphaeram a Sacrobosco. Item, Bucolica Virgilii. Item, Georgica. Item, librum primum De copia Erasmi. Item, Arithmeticam nostram. Item, dialogum primum Physicorum Fabri. Item, Universam logicam Aristotelis, cum praedicabilibus Porphyrii. Item, libros quinque Physicorum Aristotelis. Item, libros duo Politicorum Aristotelis. Item, primi libri Sententiarum decem distinctiones. Item, Epistolam Pauli ad Romanos. Item, quinque primos libros Augustini De civitate Dei.

Anno 1541 una cum episcopo Aberdonensi missus est legatus ad Angliae regem de controversia quadam limitum utriusque regni, in quo nihil est confectum, sed ampliatum in aliud tempus negotium. Anno 1542 una cum domino ab Erskyne datus est arbiter a Jacobo rege Scotorum in rem praesentem de limitibus Scotiae cum Anglo. Adfuerunt utrinque multi ; sed post longam disceptationem, cum non satis conveniret inter partes, ampliatum est negotium ad futurum conventum Anglorum Eboraci, id est vulgo York, et discessum est ab utraque parte. Deinceps una cum domino Erskyne itum est ad illud publicum concilium Anglorum, atque iterem productum est dum clam paratur ab Anglo exercitus in Scotiam ; nec permiserunt qui erant in consessu illo Anglico legatos Scotos vel scribere in patriam, vel ad suos redire, ne forte suo regi narrarent quae per fraudem illic gerebantur, donec collectis copiis simul cum exercitu fines Scotiae ad quinque dies ipsi Angli occupavissent.

Sub annum 1538 dominus abbas accivit sibi pictorem Andream Bairhum in arte sua egregium, sed hominem quidem tractatu difficilem et contentiosum, non minus animi impotentia laborantem quam corporis imbecillitate, ut qui utroque pede claudicaret. Eum tamen, quanta humanitate fieri potuit, toto triennio retinuit apud Kynlos, quo quidem tribus diversis tabulis pictura plane graphice depictis tria sacella in suo templo exornavit, viz., Magdalenes, Joannis Evangelistae et divi Thomae Cantuariensis. Depinxit quoque, sed pictura leviore quae nunc est per Scotiam receptissima, cubiculum et oratorium abbatis, simul cubiculum majus ante gradum quo itur ad abbatis cubiculum. Hoc anno 1544 in initio Augusti, cum dominus meus adornaret profectionem ad Orchades ex Kynlos per mare, cepi cum illo de rebus meis communicare pluribus verbis, presente nobili viro Alexandro Cummein domino ab Alter. Nam cum sperabam mox Gallicas naves ad nos venturas, in quibus res meas componere, et simul ipse navigare in Gallias; ac cum vererer per illius absentiam, ne quis forte, ut saepe fit, impudentius reclamaret, quasi res alienas et non meas hinc asportarem, volui dominum meum, praesente domino ab Alter, prius omnia oculis spectare et diligentius cognoscere quae essem facturus; quod et factum est nono Augusti, praesente et audiente domino ab Alter; mihique permisit herus meus, dum vidit ulla ratione me amplius retinere non posse, ut non solum quae ad me pertinerent, sed sua quoque meo arbitratu mihi sumerem [voluit], quod tamen facere recusavi, quin potius multa mea neglexi, ac tantum eos libros meos quos in secundo meo adventu ex Galliis mecum attuleram in Kynlos offerre optavi, neque illos quidem omnes. Cum tamen diligentissime curarem ne quis esset adeo improbus ut qui posset in rebus meis mihi calumniam struere, non potui tamen unius, in quem olim non pauca contulerim beneficia, effugere virulentiam. Sed illius conscientia viderit dum falsissime mentitur et qui sunt ejusmodi. Satis ego firmissimis ac sanctissimis testimoniis optimorum virorum causam munitam habeo : ne tamen desit forte talia de me suspicantibus nonnullis, quo tandem argumento adversus calumniantes me tueri possim, subjiciam hic quid parum grato homini talia de me blateranti per literas apud dominum Thomam Tognium monachum Belloci responderim; nam discedentibus ex Kynlos quinque monachis illius loci, qui fere triennium hic me legentem audiverant, non sum passus sine aliquot libellulis meis indonatos abire; ac tum forte extulerat hinc Adamus Eldar Vitas Plutarchi, quae ad me pertinebant; scripsi ad illum ut his meis auditoribus Plutarchum meum quem ex me dono accepissent abeuntes, primo quoque tempore redderet; quod tamen recusavit facere dicens ne librum quidem unum me possidere qui non sit ex aere abbatis. Id cum sit per se falsissimum, ne alius forte ad hunc lapidem imprudenter impingat, non gravabor eam partem meae epistolae hic attexere qua Adami calumnias diluo ; ea est quae sequitur :—

Quod scribis de domino Adamo Eldar non multum miror; putabam tamen per hosce dies quibus aquam potat et lac, cum minus desipere, sed pergit ille, ut video, semper sui similis. Argumentum quo se munit contra libros meos, similis est genii cum homine, hoc est, elumbe ; non enim propterea fit ut libri sint alterius quod tale nomen praefixum habeant, quem ad modum et tu cum collegis tuis hoc fere triennio gerebas cucullam Cisterciensis ordinis, cum tamen diversae sis professionis ; bona enim pars librorum habet nomen Thomae abbatis affixum per dominum Jacobum Pont, cum revera sint abbatis Roberti. Falsum enim est quod omnes sint redempti aere abbatis, cum antequam esset mihi de facie notus abbas complures habuerim Lutetiae libros, et plures intulerim in Scotiam primo meo adventu quam abbas ipse; ac cum versarer in aula non paucos emi meo aere Edinburgi; postremo toto quadriennio fere quot emerim Parisiis multi sunt testes in

Kynlos qui viderunt quos in secundo adventu mecum advexerim, quod si recte supputes dimidia fere pars mea est meo redempta aere; nunquid non est meum aes quod habui ante cognitum abbatem? vel paravi postea meis sudoribus? Rectius sunt ista possessionis meae quam est quod Adamus divenditis caulibus sibi crediti horti adaptat in suos usus, sine facultate abbatis: ego vero nullius professionis sum praeterquam Christi, et quae mei labores mihi peperunt mea sunt; quicquid acquirit monachus acquirit monasterio non sibi. Quod frequentius in libris apposuerim nomen abbatis, hoc tribuendum est amori quo illum complector, quasi cupiam amicorum omnia esse communia. Sed rogo te qua fronte, quo vultu denique pergit quotidie ad altare in tam manifesto et tam amaro mendacio? Faxit Christus ut posthac sincerius de rebus nostris judicet. Interea tu per superiorem tuum Plutarchum, quem vobis hinc discedentibus dono dedi, optimo jure repetere curabis.

Haec invitus adjeci, optime lector, sed sic oportuit nomini meo consulere contra obtrectatrices et venenatas linguas; ut per meam absentiam non possum respondere meis maledicis, hoc saltem sit a me relictum de mea conscientia apud probos viros verissimum pro me testimonium bonum. Vale.

De reliquis vero hujus abbatis egregie dictis et factis in republica Scotica post mortem Regis Jacobi quinti illi mentionem facient quibus, de tantis malis praesentibus si quando emerserint justitia et prior regni libertas, licebit, Diis hominibusque congratulantibus, veritatem ipsam literarum monumentis sine fuco commendare.

APPENDIX TO THE PREFACE. No. III.

LETTER TO ROBERT REID, BISHOP OF ORKNEY, PREFIXED TO HIS DISCOURSES, BY ADAM ELDER.

CHAPTER DISCOURSES BY ADAM ELDER, MONK OF KINLOSS.

ADAMVS SENIOR SCOTVS,

MONACHVS ORDINIS CISTERCIENSIS,

Monasterij Kynlossensis, Reuerendo in
Christo Patri ac Domino, Domino
ROBERTO REID Orchadum
Præsuli S.D.P.

DEDERAM ad Reuerentiam tuam ante sesquiannum, aut plus eo, binas literas, eodem ferè argumento conscriptas, antistes dignissime : breues quidem illas, & quasi tumultuarias : sed pro argumento longas, & concinnas satis : quæ reuerentiam tuam in primis certiorem redderent de prospera & integra valetudine ingenui adolescentis, Galteri Reid, abbatis Kynlossensis nepotis tui : pariter & de eiusdem progressu incrementoque satis fœlici in vtraque lingua, Latina videlicet & Græca : sed & linguarum earundem cognitione non contemnenda iam habita : asseueraueram cum trino etiam philosophiæ generi, rationali, morali, & naturali, non segniter aut defunctoriè, sed totis & corporis & ingenij neruis inuigilare. Subinde verò eundem, in disciplina morum atque vitæ honestate, suis maioribus, vitæ & morum probitate meritò laudatis, non dissimilem sese vbique & semper præbere. Tum denique de nonnullis rebus aliis, quæ tunc temporis apud nos gerebantur, reuerentiam tuam sedulò ammonueram. Quas literas equidem arbitror aut omnino periisse in tam longa terræ & maris peregrinatione : aut certè ab improbo aliquo interceptas in tuas manus minimè peruenisse : vt sunt parum sinceræ fidei in reddendis literis alienis hominum plerique, in quorum manus aliena scripta fortuito inciderint. Quibusquidem literis, inter alia, etiam rogaueram tuam reuerentiam (iam verò præbuerant mihi eam fiduciam tam familiaribus scriptis dignitatem tuam interpellandi, ista tua in omnium hominum negotiis honestioribus mira, non soli mihi, sed & omnibus nota facilitas, officiosa sedulitas, atque sponte sua, sine fastu, occurrens quædam promptitudo) transmitterentur Lutetiam ad me conciones aliquot capitulares, vt vocant, à me adhuc adolescente, horis quibus per præscriptas religionis obseruationes licuit, partim ex sacris literis, partim verò ex prælectionibus meis diurnis hinc inde exercitij causa excerptæ, triuialique sermone meo congestæ, & in monasteriorum tuorum Kynlos atque Belli locicapitulis, diebus ab ordine nostro constitutis, vt fit, pronunciatæ : dum eorundem monasteriorum fratribus adolescentioribus erudiendis, & literarum studiis in eisdem cœnobiis promouendis, iussu tuo præessem. Sed quæ fortè in muscolo meo apud Kynlos, tanquam res non adeo magni momenti, nescio quo in angulo delitescentes relictæ essent, dum Lutetiam, eidem nepoti tuo παιδαγωγὸς, te imperante properarem. Statueram autem tum, quum ad te scriberem, conciones illas his quas non ita pridem Lutetiæ eram commentatus adiungere : iunctas verò prælo subdere : si quicquam fortasse vtilitatis, quantumlibet exiguum, ex hisce studiorum meorum primitiis emanare lectori, aut fructus accrescere posset. Verum, posteaquam annum vnum, aut eo amplius, ad literas meas in eo negotiolo responsum expectassem : tandem, præter omnem spem meam, allata est quasi pars tertia mearum omnium concionum, reuerentia tua nec imperante, nec sciente : & ea, profectò, tam mutila, disrupta, blattisque erosa atque exesa, vt vix tandem recognorim schædas illas aliquando meas fuisse. Nihilo tamen minus, cœpi cuiusdam veteris amici, inter primos probi, & minimè mendacis censuram attentare, depromens vnam atque alteram paginam manu mea recens transcriptam, an ipse censeret dignas quæ prælo submitterentur. Qui pagellas ipsas oblatas, iterum ac tertiò lectione percurrens, respondet non omnino indignas quæ typis æneis excuderentur, vel in hoc mandentur prælo (inquit) vt nouitij vestri (sic enim fratres nostros adolescentiores appellitabat ille) conciunculis huiuscemodi leuiusculis & velitaribus excogitandis & componendis ingenium suum memoriamque exerceant, siquando per obseruationes regulares & grauiora literarum studia eis liceat : vel vt sint veluti semina quædam huius tui argumenti, quò te (me aspectans) doctioribus pòst occasio detur easdem fusius tractandi, & ad iustam voluminis magnitudinem pro rei dignitate amplificandi. Ego verò censorem consultoremque meum haudquaquam mihi adblandiri persentiens, sed seriò loqui expertus : ex omnibus quas habui homilias aliquot contractiores (non quidem eodem temporum ordine, quo a me primùm congestæ sunt & pronunciatæ : quasdam

APPENDIX TO THE PREFACE.

enim conscripsi ac pronunciaui vix dum ordinem nostrum professus) singulis diebus, quibus in ordine nostro homilia capitularis dari solet (Natiuitati autem dominicæ consultò duas adscripsi : totidem adscripturus Resurrectioni, si licuisset paulò diutius Lutetiæ commorari) singulis inquam diebus homilias singulas donans, submittere prælo studui, & easdem nomini tuo, dignissime præsul, nuncupaui atque dedicaui. At non certe tibi, vt cuius nomini, iam illustrissimo atque clarissimo, splendoris quicquam ex huiuscemodi scriptiunculis accedere posse existimem : sed verius, vt cui memet totum semel, secundum Deum, & omnia mea etiam minima, me certissimè debere sciam. Accipe itaque, antistes dignissime, qua soles fronte hilari, & ea mentis serenitate qua ipsam offero, isthanc strenulam meam litterariam, ineuntis huius anni fœlix (ita velit Deus Optimus Maximus, superque omnes) ac faustum auspicium : munusculum, & si (non ignoro) dignitate tua haudquaquam dignum, tamen obseruantiæ meæ erga reuerentiam tuam & grati animi qualecunque indicium atque testimonium. Vt autem ad magna non sufficio : ita quod possum, id tantillum præsto libenter atque offero : maiora certè modò daturus, si voluntati par esset virium facultas. Christus Dominus & seruator tuam reuerentiam, atque Ecclesiam vniuersam Orchadensem, tueatur a malo, & omnigena benedictione fœlicitet. Lutetiæ, ex Schola Regali Burgundiana, Calendis Ianuariis. 1558.

In Adami Senioris
Θεοσοφίαν Henrici Blacuodæi ad Lectorem
δεκάστιχον.

Si vis mellifluos Sophiæ libare sapores,
Et cupis ætherei regna beata poli :
Si laudare voles cœlestia numina diuûm,
Et Xenophontæo vis simul ore loqui :
Quisquis non vanis vitam traducere rebus
Optas : sed sacris instituisse modis :
Huc ades, hic non sunt puerorum næniæ : at omni
Tersa labore senis verba videre potes.
Hæc & Aristotelis superant & scripta Platonis,
Hunc ergo debes consuluisse librum.

DE SANCTO BERNARDO
CLARÆ VALLIS ABBATE :
Concio Capitularis.*

THEMA.

Euge serue bone & fidelis, quia super pauca fuisti fidelis, supra multa te constituam: intra in gaudium Domini tui.

Matth. 25.

VERERER ex hoc loco de laudibus Beati Bernardi patris nostri verbis pluribus iam disserere, fratres, si suspicarer verborum splendorem pluris apud vos fieri, quàm ipsam rei veritatem verbis nudis, eisque breuibus, explicatam : præsertim quum norim plerosque huius honesti cœtus viros, qui me & ingenio & doctrina longo interuallo superant, antehac de ciusdem laudibus, frequentius, prudenter, copiose & ornatè verba fecisse : atque insigniter adeò & splendide, vt nihil eorum prætermiserint, quæ ad locupletandam concionem honestandamque conducere posse videantur. Nihilo tamen minus, quia id, quicquid est officij a patribus meis, quibus refragari sine dispendio famæ meæ non potui, in humeros meos impositum esse conspicio : vestra omnium solita humanitate ac beneuolentia fretus in eo, quod habeo mox depromam, viduam illam pauperculam Euangelicam duo minuta offerentem imitatus. Interea mihi persuasum habens, vos ea quæ ex tenuitate & penuria nostra afferentur (tanta est in vobis spes mea) non minus grato animo accepturos, quàm ingentes illas eorum diuitias ac thesauros concionandi magnificos accepistis qui ante me in eodem negotio versati sunt, & de eodem sæpius dixerunt. Ipsi verò ex eo quod eis abundabat larga manu effuderunt. Nos etiam nunc quod habemus, Deo

* Conciones Capitulares, p. 126.

nostros conatus adiuuante, non grauatè dabimus. Idque fiet these adducta, Euge serue bone & fidelis, quia super pauca fuisti fidelis, supra multa te constituam, intra in gaudium Domini tui. Si prius tamen eum ipsum qui in omnes diues est qui inuocant eum, ac eius matrem semper virginem illibatam, comprecati fuerimus, quo mihi cælitus infundant, quæ mihi loquenti honesta, vobis quoque audientibus frugifera sint, Gabrielis eulogium offerentes: Aue gratia plena.

DE SANCTO BERNARDO,

CLARÆ VALLIS ABBATE:

Concio Capitularis.

THEMA.

Euge serue bone & fidelis, quia super pauca fuisti fidelis, supra multa te constituam: intra in gaudium Domini tui.

Matth. 25.

SENTIRE videor equidem nunc, fratres, timorem omnem, qui in initio animum meum perculerat, mihi penitus ademptum esse : idque omnium vestrûm silentio, ac beneuolo conspectu fauorem indicante, factum esse intelligo. Prospiciens interea latum campum, in quo exspatiari dicendo possum, & ita amplum vt quamuis periti aliquot ante me dixerint, minime tamen dicendi materia aut verba sint mihi cito adeò defectura. Interim tamen mecum decreui multa & varia breuitatis causa prorsus prætermittere, quæ non parum splendoris diui Bernardi laudibus viderentur allatura, & auribus vestris quoque forsitan placitura, etiam si nullis verborum lenociniis ornarentur, aut phalerarum concinnitate vestirentur, sed vocibus nudis & ab omni elegantioris phraseos cura anxia semotis denarrarentur. Non enim libet Bernardi parentes, & ea quæ eius natalem præcesserunt, inpræsentiarum commemorare : neque Burgundiæ, natalis eius soli, claritatem, nobilitatem, antiquitatem auribus vestris ingerere. Quum tamen habeat Burgundia nobilitatem antiquissimam, & antiquitatem nobilissimam, nimirum regiam, vti varij non vulgaris aut aspernandæ authoritatis scriptores literis testatum reliquerunt atque prodiderunt. Nec etiam mihi est animus modò decantare magnifica diui Bernardi maiorum, auorum, aut parentum stemmata, eorumve feracissimæ ditionis amplitudinem, diuitiarum copiam, & pleraque alia in memoriam reuocare. Sed illis omnibus omissis, potius cius eximias aliquot animi virtutes nunc commemorare pauculis, & quasi obiter perstringere constitui, quæ verius censeri debent ipsius Bernardi esse (nam ei diuina gratia tributæ) quàm ea omnia, quæ maiorum aut parentum opera fuerunt ei comparata : miram scilicet ingenij dexteritatem, morum suauitatem, mansuetudinem, religionem denique & vitæ puritatem. Quæ, quàm breuissime quum perstrinxero, post nonnulla suscepto argumento non adeò dissona, finem dicendi faciam. In Bernardo igitur adhuc puerulo, præter quòd tam fœlicis indolis fuerit vt artes liberales sit magna ex parte in pueritia assecutus, relucebat eximium quoddam diuinæ virtutis indicium, ita vt nemini iam esset obscurum, eum Spiritu sancto esse plenum, diuinitúsque diuinis mancipandum. Vbi verò e pueris excessit, factus iam adolescens aspectu decorus, & ætate paulo grandior, corpore robustior, mente quoque senior ; auorum suorum stemmata nihili faciens, parentes, quantumuis maiorum fascibus & hac mundana vita claros illustresque ; ditionis paternæ amplitudinem, diuitias, mundum denique, & ea quæ in ipso sunt omnia fugiens, Cistertium locum sacræ religioni pridem consecratum, viginti duos plus minus annos natus, sese recepit, Christi iugo suaui collum suum submissurus. Eò etiam plurimos, eius virtutis & vitæ integritatis amore & admiratione accensos, pertrahens, & ad exemplum sui quasi cogens. Vbi cum illis tam piè, mansuetè ac religiose vixit, vt paucis pòst diebus Claram-vallem missus sit, dignus vtique abbas & pastor multarum animarum non sine numine creatus. Quod munus, vix cuiquam credibile est, quanta prudentia iuuenis, quanta cura & solicitudine die noctuque administrarit, maturè intelligens de grege sibi commisso iudici summo aliquando reddendam esse rationem. Et proinde huius rationis reddendæ semper memor, terrore illius comminationis diuinæ sæpius est perculsus, qua magis expedire per Euangelistam dicitur vt collo mola asinaria suspendatur, & in profundum maris demergatur, vnum ex pusillis scandalizanti. Sæpe illud quoque conterritus secum tacitus cogitabat, quid in extremo iudicij die fiet homini, totum gregem, quantum in se est, deperdenti, si viro vnum pusillum scandalizanti tam graue supplicium ac sæuerum decernatur. Quamquidem sententiam vtinam ante oculos ponerent plurimi huius nostri temporis pastores, nimium desides atque segnes : & qui pastoralem functionem temerè

CHAPTER DISCOURSES. 73

nimis accedunt. Profectò non tam frigidè oues suas tam longo interuallo toties subsequerentur, sed ardentius sinceriusque suis præessent ouibus, easque frequentius anteirent, simul & negotium Euangelicum castius agerent, verbis vitaque prædicarent, & Bernardum ore ac moribus propius referrent. Bernardus vtique minime sub modio reconditus, sed lucerna lucens & ardens in domo Dei, non passus est scrutarios & bonorum temporalium proximetas, sacræ religionis & disciplinæ ecclesiasticæ prophanatores, non per ostium ingredientes, sed aliunde in ouile perrumpentes pedem ponere, verum vt decuit, abactos eos profligans, omni ingressu strenuè prohibebat. Siquidem honestatis ecclesiasticæ & religionis tuendæ gratia, nec ipsi summo in terris pastori, pontifici Romano Eugenio tertio, pepercit, quem multis verbis, hisque peracerbis, obiurgauit pro symonia, pro turpi quæstu & auaritia, inter alia vitiorum genera, e Romana curia non extirpatis. Sed vt increpationes eius in Eugenium Papam omittamus, quem laborem non subiit Bernardus etiam inter varia alia Ecclesiæ negocia grauia & variè vrgentia, vt multiplicem hæresim tunc temporis exortam, & malignas vocum sensuumque nouitates prorsus euelleret ac dissiparet ? quam diligentiam non adhibuit vt Petri Abailardi sectam pernitiosam funditus extingueret ? In quod negocium tam strenuè incubuit vt ipsi Abailardo, ciusque errorum sectatoribus cunctis, perpetuum silentium imposuerit. At verò Bernardo nostro, seruo Domini bono & fideli, supra multa constituto, id est, æternum gaudium ingresso, confestim inuenti sunt nonnulli, & hac nostra ætate etiamnum inueniuntur Bernardo valde dissimiles, quippe qui prædicant verbis, moribus, & vita tota, non quæ ad Christi gloriam, & veram sacræ religionis honestatem facere agnoscuntur : sed quæ conducere potius videntur ad venanda sacerdotia ampliora, ad illaqueandas dignitates, ad irretiendos episcopatus, & alia his non multum dissimilia. Bernardus verò Paulum apostolum imitatus, vocationem suam ob oculos suos semper habens, minime ad quæstum suum vitam aut mores instituit, aut quæstus gratia prædicauit, sed pectore sincero verbum veritatis tanquam ex Deo profectum tradidit in Christi gloriam. Non tamen isthæc a me dicta existimetis velim, fratres, vt quemquam acerbius taxem, aut acrius perstringam ; tantum abest vt de omnibus loquar. Non enim inficias ierim permultos animarum rectores etiam hoc nostro æno reperiri, qui a veterum patrum & maiorum suorum præceptis institutisque & rectitudine vitæ, honestate denique morum haudquaquam desciscunt, sed suo munere legitimè funguntur. Sed hæc pauca, quòd ægrè feram quorundam vitam totam, ac linguas quas deceret ex officio docere regnum Dei, seruire & immergi, penè dixerim, regno mundi : simulque quòd orbi Christiano exoptarem multos Bernardos pastores dari. Arbitror sanè quòd quemadmodum Abailardus, & plerique alij Bernardi vitæ integritate, morum suauitate, doctrinæ sanctitate, aliisque virtutibus propriam hæresim (quo vitio nullum serpere latius hoc nostro sæculo videmus) & inquinamenta alia respuerint, atque conculcarint : ita quoque facili negotio effici posse, si multi, inquam, essent Bernardi, vt permulti malè affecti, multorum Bernardorum moribus candidis & vita incontaminata allecti atque incitati, ab eorum erroribus & vitiis aliis reuocarentur, & sese ad frugem reciperent meliorem, qui corruptis & deprauatis moribus nostris exacerbati, quotidie in peius labuntur atque deuoluuntur. Qui tamen malè de rebus humanis iudicantes minimè sunt excusandi. Quanquam enim quotidiana ista vulnera dolentius sint deploranda, quòd videamus complurium ecclesiasticorum vitam ac mores malè audire, multúmque nocere Ecclesiæ, & frequentibus scandalis eius decorem candoremque deformare, non tamen idcirco ab Ecclesia, quæ semper dilecta Christi sponsa indiuidua fuit, est, & erit, debemus deficere, sed potius eam quisque certatim & pro viribus propugnare. Nam cuiusdam, penè dixerim, dementiæ est, nos, in quos fines sæculorum deuenerunt, statum rerum aliquem aut politiam absque morbidis prorsus vitiis statuere. Quod omnium ætatum exempla, multo plura quàm ipse vellem ostendunt, dum legimus, & etiam nunc oculis intuemur, inter pleraque alia non parum dolenda, parentes plerosque liberos suos in cunis adhuc vagientes, ecclesiis bene dotatis & curæ pastorali impudenter, nimis per fauorem principum & magnatum, præficere, et eos ipsos parentes ecclesiarum prouentus amplissimos, in equis, canibus, scurris & aliis non adeò dissimilibus, nepotum more obligurire. Voce interim plusquam stentoria conclamitantes ecclesiarum & monasteriorum vberes prouentus in hospites & pauperum subuentionem cedere debere, eorum subinde filiis, egregiis videlicet animarum pastoribus, ore butyro litis (pueri enim sunt) pulte lactea contentis. Quæ omnia, quandoquidem propter peccata & scelera nostra obtigisse videamus (nihil verisimilius mihi omnia reuoluenti coniicere possum) quid aliud quàm ea deflere possumus? simul & orare, quo nobis exsuscitet ac tandem concedat pastorum princeps, & princeps regum terræ, Christus Dominus, pastores aliquos integros & spectabiles, qui his vitiorum portentis sermone, moribus & vita fortiter reclament; sacram religionem, ac dignitatem ecclesiasticam vniuersam in formam meliorem redigant; hominum malè affectorum mentes castigent, & authoritate reprimant; hæreticorum & scismaticorum sacram religionem, atque adeò totum christianismum, ludicris scriptis ludificantium sectas longè à finibus nostris ablegent atque arceant; solos animarum pastores rectoresque dignitati pastorali idoneos constituant, pastores bonos & fideles, suis ouibus pabulum dantes, verbis & exemplo in tempore suo. Dum autem viueret Bernardus noster nihil summi pontifices, nec ecclesiarum prælati alij, absque eius consilio definire in Ecclesiæ Christi causis volebant. Nihil reges, principes, magnates (ad quorum omnium etiam discordias tollendas, & negotia ardua conficienda, adiuuante Dei gratia, quàm aptissimus natura fuit, & talem sese semper præbuit) contra matris Ecclesiæ decreta & sacros canones temerè attentare ausi sunt, zelum Bernardi semper reformidantes. Quæ vera esse omnia, certissime sciet quisquis eius vitam fidelissimè mandatam literis, & scripta eius propria, gestaque (extant autem) diligentius perpenderit. Qui profectò si modo superuiueret, non irruerent tam insolenti superbia in vineam Domini tot sacræ religionis osores, ne dicam dissipatores, non tam sæuirent impunè in matris Ecclesiæ præcepta, & canones sacros tot heretici, tot scismatici, tot pseudochristiani. Quid? vultis me paucis rerum perstringere summam? Non inuaderent gregem Domini tot lupi rapaces. Et proinde nihil vtilius Christi Ecclesiæ vniuersus Christianæ ditionis orbis hoc nostro tempore parum fœlici haberet. Verùm quid ego pluribus verbis querar? Nec enim possum, nec volo aliud modo dicere, nisi quod plerisque dici solet: naturam coruis & cornicibus rapto viuentibus vitam diuturniorem dedisse, quorum nihil interest salutis hominum: hominibus verò, quorum maximè interest salutem hominum curare, vitam quidem sed perbreuem concessisse. Inter rectores verò animarum, dum memini, te nunc nomino, ROBERTE pastor vigilantissime, quamuis iam in præsulatu tuo procul à nobis abes, gregi tuo inuigilans, & strenuè sedulóque adimplens (si quisquam alius) ministerium à Domino Deo tibi commissum (panem verbi Dei intelligo) vt fidelis dispensator : talenta tibi concredita ad Dominum cum lucro in fine reportes. Vt autem reuerentiam tuam ex hoc suggesto nominem (alioqui maior, quàm qui a me ex hoc loco nominari debeas) eo facilius sum adductus, quo te ab his vitiis atque inquinamentis, quæ paulò ante commemoraui, prorsus abhorrere, & alienum magis ac immunem esse mecum agnorunt, qui te intime nouerunt omnes. Et quo maiorem adhibes diligentiam in euellendis & propulsandis ab ouibus, a summo pastore tibi concreditis, vitiorum (si quae fortè succrescant) spinis : simul & serendis, aptè radicandis, alendis & promouendis omnium generum virtutibus vigilantiorem te præstas. Etenim pastor minimè segnis diligentissime procuras, vti decet seruum Domini bonum & fidelem, ne ouibus tuis vsquam desint iusta pabula ac alimenta. Idque prestas verbis & exemplo, hoc nostro æuo inuentu raro, nempe doctrina, moribus & vita tota, cum magna non solius animi tui, sed & ouium tuarum, eorum videlicet qui tuæ curæ pastorali subditi sunt, lætitia atque voluptate, non iam tibi sed ouibus tuis viuens. Quod profecto est verè episcopum agere, & quàm maximè tibi viuere. Cæterum, ne forte arbitreris, vel quisquam alius, me velle tibi iam hisce verbis ex hoc suggesto sacris concionibus consecrato adblandiri, si quando huius concionis meæ rumor ad notitiam tuam aut illius fortè peruenerit, scias velim me multos habere in hac re eiusdem mecum sententiæ viros, eosque spectatæ fidei, & testes idoneos satis, si res in controuersiam veniret (tibi autem testis est sufficiens, & satis gloriæ sola mens conscia recti : nec testimonium aliud, nec gloriam requiris). Nullum siquidem in hoc toto cœtu adesse video, qui adactus iuramento, non eisdem verbis meis (ita sanctissime deierare me posse arbitror) in primis subscribere velit. Deinde nec tuorum quenquam suspicor, Præsul dignissime, tam amentem, insolenterque vesanum, qui vel tecum domi versantur & operum tuorum familiariter spectatores fiunt, vel etiam qui foris perpetuò tecum degunt, qui mihi in hac causa refragari possit. Nec aliquem alium denique (modo probus sit sanique iudicij) qui aut velit, aut (conscientia propria reclamante) audeat. Vt non tam planè quam verè, verissime tamen de te

CHAPTER DISCOURSES.

scripsisse videatur, non contemnendi iudicij, aut eruditionis triuialis quidam quum inquit :

> *Quid tentem angusto perstringere carmine laudes,*
> *Quas nulla eloquij vis celebrare queat ?*
> *Clarus es eloquio, cœlo dignissime Præsul,*
> *Antiqua generis nobilitate viges.*
> *Commissumque gregem pascis, relenasque iacentem,*
> *Exemplo ducens ad meliora tuo.*
> *Ac velut exoriens terris sol discutit vmbras,*
> *Illustras radiis pectora cœca tuis.*
> *Hortaris tardos, obiurgas, corripis omnes,*
> *In mala præcipites quos vetus error agit.*
> *Pauperibus tua tecta patent, tua prompta voluntas,*
> *Atque bonis semper dextera larga tua est.*
> *Nemo lupos melius sacris ab ouilibus arcet,*
> *Ne Christi lanient diripiantque gregem.*—ANT. BARDOL.

Cæterùm scio te exoptare virtutes tuas laudesque omnes occultari potius, & tua solius conscientia latere, quàm vllius præconiis promulgari : alioqui dignæ quæ inclytis literarum monumentis consecrentur, ac in exemplum posteris quasi scopus vitæ rectioris proponantur. Ideóque, ne panegyricum absentis potius videar, fratres, quàm concionem afferre capitularem, hic rei huius finem faciam. Te etiam paucis nunc compellabo, non absentem, vt patruum tuum, sed præsentem, & iam me cupidè studioséque spectantem, Galtere Abba reuerende. Et inter compellandum te dicerem, ætate quidem iuuenem esse, sed moribus & vita non item. Literarum quoque tam Græcarum quàm Latinarum, præter alias tuas dotes egregias, peritia insignem, si non metuerem adulator existimari, viderique velle te coram & in os laudare, & parasiti instar verbis titillantibus aures tibi demulcere. Itaque quia illa in apertum ex hoc loco proferre non decet eum, qui te à primordio adolescentiæ tuæ summo suo studio ad ea ipsa instigauit, stimulos meos tibi additos libens supprimo, malens virtutes tuas cunctas, immensis laboribus tuis vigiliisque vix credibilibus integrè ascribi, quàm earum partem vel minimam vllis submonitionibus meis imputari. Nunc autem aliud (quod mox audies) nstitui. Quanquam sum tibi in Christo filius, subditusque (Galtere

K

Abba reuerende) & proinde minoris authoritatis ab aliquibus fortasse iudicor, quam qui te abbatem meum ex hoc loco officij tui admonere debeam. Spero tamen te, si bene te noui, non ægrè laturum, si ego & præceptoris tui non omnino, vti reor, pessimi iam olim καὶ τοῦ παιδαγωγοῦ pariter officio defunctus, tui iam muneris & honestatis te commonefaciam, quem cognitum, & fidei meæ semel commissum sanctissime semper amaui, quem semper mitius foui, quem pari loco semper habui, quo patres filios habere solent, aut si quid filiis patribus charius esse potest, obganniente nequiter tenebrionum ac veteratorum quorumdam improba vafricie, quæ non semel nec simpliciter insidiata est simplicitati tuæ. Et quæ memet quoque, (nulla vnquam à me quod sciam lacessita iniuria) insidiosa calliditate, & ea multiplici, sæpius insectari minime erubuit. Quo fructu tuo expertus nosti. Quo merito meo nouit scrutator cordium Deus. Cæterum nihil præmij (ne suspiceris me hisce verbis ingratitudinis te arguere velle) aut muneris a te exigere, aut dicendo extorquere iam est animus, pro beneficiolis, si quæ fortè in te alias contulerim. Non enim ingratitudinis vllius, aut volo, aut meritò possum te incusare. Sed propositum est mihi modo paucis te ad quædam eorum cohortari, quæ sæpius tibi persuadere, nullis testibus adhibitis, totis ingenij viribus toties sum conatus. Ea verò quæ sint tandem accipe, ac mecum in memoriam redi. In primis igitur non debet te latere, Abba, quàm arduum & graue onus tibi ipsi imposueris, quum multarum animarum curam sponte tua susceperis: quarum omnium extremo die, æquissimo iudici Deo rationem reddere non leuiter, sed exactissime, cogeris: haud dubiè additæ & tuæ ipsius animæ. Nec etiam ignorare potes quàm sit animæ tuæ periculosum talenta tibi tradita ad Dominum sine lucro reportare (propositum tamen modo mihi non est multa in hoc inculcare, vtpote de verbo Dei seminando, ne concio longitudine sua vergat in fastidium. Nam hæc ipsa, & similia, alias & opportunè magis). Quæ quum ita sint: ad exemplum aliquod eximium, tanquam ad scopum rectiorem atque speculum lucidum te totum, vitamque tuam dirigere, atque actiones tuas omnes conformare oportet, vt bene tibi sit in primis: deinde vt animabus curæ tuæ concreditis bene præesse scias. Quum autem hominem cupientem artis cuiuscunque aut disciplinæ peritiam quasi perfectam tenere, peritum artis illius, aut disciplinæ tanquam exemplar aliquod egregium pro viribus imitari oporteat: quanto magis necessarium credendum est homini religioso & abbati vitam moresque ita instituere, vt bonum quemque & religiosum imitetur, & viri huius vestigiis perpetuò insistere nitatur? Hoc idem tibi, abba, faciendum iam, si me audis, plane censeo. Verum tu fortasse, anceps animi, subinde ex me sciscitaris quem potissimum hominum archetypum primariumque tibi proponam imitandum. Longe ambages certè, sed summa sequar fastigia rerum. Benedictum haud dubiè aut Bernardum patres nostros si potes in primis. Sed quia scio me non tantæ esse eloquentiæ vt tibi persuadere id valeam, quod Bernardus ipse, quantumuis facundus, dum adhuc viueret, multis tuæ sortis persuadere nequiuit: proponam tibi non Benedictum, non Bernardum, non Antonium, non Hylarionem, nec quenquam ex grege veterum patrum mortuorum, sed viuum aliquem ostendam, eumque non longè abs te semotum, non autem ab Ægypto, Cypro, Alexandriave per mare ac terras euocandum (rogo vos, fratres, ne ægrè patiamini si in his longius progrediar, & plusculis verbis iam agam: de quibus profectò dum memini, iam tacitus pretercurrere non possum) hominem, inquam, adhuc viuum ostendam, Patrem Reuerendum ROBERTVM EPISCOPVM ORCHADENSEM non raro tecum sermones commiscentem & communicando admonentem. Eius vestigiis insistas velim, eum moribus & vita tota exprimere te exopto, cum archetypum & vitæ tuæ normam die ac nocte ob oculos proponere suadeo. Quem si imitatus semper fueris, in primis, nihil vnquam inconsulte, mihi crede, nihil tumultuanter, nihil minus considerate, sed omnia moderate ages. Dicta ac facta tua cuncta, modestiam quandam & constantiam, eamque maturam, semper sapient. Nosti enim nobiscum, abba, quod omnes nos tecum cognoscimus, quàm nusquam præceps sit patruus tuus, quàm nusquam temerarius, neque faciens, neque dicens (tanta est eius integritas atque comitas) nisi summa cum laude & dignitate. Vides quanta prudentia, quanta sedulitate, quanta cura operam semper impendit extirpandis radicitus & euertendis vitiis, si quæ fortasse apud ouilia sibi concredita suppullulent. Quantam diligentiam adhibet homo natus ad virtutem, seminandis, propagandis, atque prouehendis vbique virtutibus, vt omittam interim ea quæ multo maioris negotij sunt, quàm quæ concioni capitulari à me inseri atque coaptari aut valeant, aut debeant : qua æquitate, fide, integritate, religione, quantum ratione prouideri potest, totius Reipublicæ Scoticanæ incolumitati semper consulit. Qui & in hoc a rege illustrissimo Iacobo, huius nominis quinto, adhuc pubescente, a negotiis suis priuatis, ad publica regni munia obeunda atque tractanda, inter alios illustres, & iurisprudentiæ maximè eruditos, probatissimæ denique fidei viros, multo antequàm tu in hunc mundum nascerere, euocatus, non certè volens, aut quicquam tale apud regem aut regni proceres ambiens. Nec tamen adolescenti generosissimo eidemque regi nobilissimo multum reluctans aut onus illud respuens Reipublicæ Scoticanæ causa, quam priuatis commodis anteponendam semper duxit ; et tam multis regni negotiis, eisque transigi difficillimis, partim in ipso regno Scotiæ, partim verò apud exteras nationes varias pro votis omnium in hanc vsque ætatem defungens, nec vnquam, aut domi, aut foris, vel in rebus minutissimis, humani generis fœdera lædere est visus : nec minima conscientiæ labecula detentus : nimirum nihil perperam aut contra æquum ac bonum vel sola cogitatione vnquam admittens. Præterea tibi perspectum est quàm sagaciter operam nauat auertere, dissipare, ac prorsus extinguere opiniones reprobatas, dissectasque ab Ecclesia Christi sectas, & quæstionum inutilium labyrinthos, quos hisce turbulentis exulceratisque temporibus grassari vndique videmus. Quàm non erumpere novitates illas licentius, euagari longius, plus roboris sumere, altius radices agere sinit (neque opus est modo tibi recensere his longe maiora, nempe templa in laudem diuorum, partim à fundamentis per eum erecta, partim verò structuris & tabellis magnificis augustiora facta. Non enim iacent in tenebris abdita hæc, sed conspicua sunt & in luce omnibus exposita.) Nosti insuper quàm libenter, quàmque modeste secedere soleat, quum licet per grauia amicorum & aliorum aures eius pulsantium negotia, & occupationes alias plurimas, quæ aut rarissimè aut nunquam ei desunt, ad literarum sacrarum lectionem, diuturna secum mediatione quàm suauis est Dominus degustans, & pectus suum bibliothecam Christi efficiens, vt ouibus suis diuini verbi pabulum bonus pastor debite subministret, nullum vel breue tempusculum in vanum præterlabi permittens : tantum abest vt in otio, aut fabulis quod superest temporis complurium more transigere velit. Quàm frequentes verò & suaues sint eius deliciæ, preces, Euan-

CHAPTER DISCOURSES. 81

gelia, psalmi, cantica, & alij sermones Dei, iamdudum exploratum habes. Videt autem vir prudens & integer, diligenterque considerat sibi contigisse huius mundi honores, diuitias, dignitates, & alia plurima temporalia : sed his omnibus, mortis & rationis reddendae summo iudici semper memor, non fruitur tanquam dominus a mundo, sed tanquam minister & bonus dispensator, a Deo acceptis. Non enim honoribus (quæ rara auis est) superbit aut intumescit, diuitiis affluentibus animum non apponit, fœlicibus rerum successibus minime insolescit, dignitatibus & donis aliis temporaneis non excæcatur, nulli prorsus voluptatum generi vnquam seruit: sed ea omnia decenter & modestè contemnendo aliis impartit, dicens cum Iobo : Nudi venimus in hunc mundum, nudi discedemus. Multi autem multos iam annos sunt experti, & singulis fere horis nonnulli experiuntur, quàm paterna cura & solicitudine ipse, quasi egenorum & desolatorum pater, non solo consilio & verbis solari & confirmare solet desertos ac desolatos, sed quàm benignè rebus etiam & auxilio adiuuare consueuit, rectissime iudicans beneficium illud egregiè repositum in diem illum retributionis, quod in alterius calamitatibus humaniter & benignè ipse modo confert atque erogat. Id, quid est aliud, Abba quàm verè monachum & religiosum esse ? quin potius in medio mundo positum, mundo, & his quæ in eo sunt, verè abrenuntiare ? An non is dignus & aptus cuius vestigiis perpetuò insistas, cuius vitam ac mores semper imiteris ? Non enim est necesse iam tibi enumerare alia plurima charitatis opera in quibus exercetur eius beneficentia, veluti est pauperum, inedia simul & annis oppressorum, corporali alimonia pia subleuatio : puellarum, quibus tenuiores sunt fortunæ quàm vt possint exsoluere dotem, honesta in matrimonium collocatio : generosorum pectorum adolescentulorum complurium in studio literario munifica enutritio : vehementis illius amoris & ardoris literariæ negotiationis, quos iam inde ab initio & ætate adhuc tenella cœpit, tenax retentio, magnæ liberalitatis in bonarum literarum amatores & earum professores exhibitio. Et huiuscemodi multa quæ dinumerare longum esset. Hæc autem sunt in quæ oculos tuos in primis defigas optarem. Hæc quæ vellem te noctu dieque cogitare, animo voluere, totis viribus imitari. Hæc enim sunt quæ te decent. Hæc tibi, tuique similibus qui pastoralem functionem, quæ cœlestis & diuina est, subiistis, necessaria comprobantur. Sed vnum hoc iam tandem memoriam meam subiit, quod omnium primum dixisse me oportuit. Patruum tuum diuitias reliquas, quantumlibet multas, non tanti facere, quanti adamatas bibliothecas (quarum vnam Kynlossensem, quo te melioribus literarum disciplinis, quum vacat, oblectes, manibus tuis nuper commisit) exquisitissimis quibusque libris abunde instructas. Non autem castella, non palatia, licet episcopo etiam magnificentissimo digna: non ædificia alia varia, & variis in locis magnificè satis per eum erecta atque decenter exornata: non aurum, non argentum, non agros, non equos, non vestes, non lapides pretiosos. Prorsus nihil denique optimis libris vnquam præponit. Qui, quanto plura, eaque optima cuncti generis meliorum literarum volumina, nullis parcens sumptibus, huc quotidie diligenter congerit: tanto pauciora semper se habere, & palam coram doctis dicere solet & estimat. Scio equidem ex gestu corporis tui, & tuorum oculorum motibus, quid apud temetipsum iam tacita cogitatione renoluis. Etsi non potes omnia patrui tui benefacta, a me modo connumerata, pro voto tuo & aliorum in omnibus adæquare, eò quòd non sit fortasse tibi tanta rerum opulentia atque copia: at saltem illud diligentissime procura, & pro facultatibus age, ne illius magnificentia, aut vlla eius virtus alia, inertia tua atque socordia obfuscata ab hominibus merito censeatur: sed condecoretur potius. Initare idcirco, Abba, si me audis, patrui tui, pro facultatibus à Deo tibi concreditis, in primis eius munificentiam, deinde summam eius prudentiam, mansuetudinem, patientiam, sed ante omnia eius castimoniam atque vitæ puritatem. Nihil horum te prætereat quæ lex tua præscribit, in animabus regendis atque saluandis curæ tuæ commissis. Æstima ante omnia rectum melioris vitæ progressum a teipso verbis & exemplo semper incipere debere: et tunc te filiis in Christo subditis tibi rite & decenter dominari posse, si tibi ipsi prius scias ritè & decenter imperare, hoc est, parem verbis vitam agere, persuasum habens te his modis tibi in primis optimè consulere, gregi quoque tuo bene ritéque præesse. Nam ea demum institutio bene rectéque viuendi digna est, cui fides adhibeatur, & cui incunctanter etiam pareatur, quum instituentis atque docentis vita tota congruit sermoni. Abbas vocari viderique gaudes. Da operam diligentissime vt verè is sis qui videri vis & vocari gaudes. Procul absit quantum in te est omnis fucus. Etiam atque etiam cogita atque considera cui prouinciæ præfectus sis, & in quàm excelsum honoris gradum ascenderis, vt huic omni ratione satisfacere studeas. Rationes omnes tecum ineas, quibus abbatis nomen, famam, laudemque sustinere, tueri & retinere possis. Vt existimes te animarum custodem, patrem multorum, non tyrannum. Recogita te dicta & facta tua omnia ad Rempublicam sacri ordinis tui & religionis semper referre debere, non autem ad priuatam cupiditatem tuam vllam aut libidinem. In summa meditare, & pro viribus enitere contendeque vt magnifica illa patrui tui omnis probitatis viri de te expectatio, quam inde ab initio cepit, perpetuò floreat vigeatque, vt nos cuncti te rectorem tanquam ducem dignum veneremur, insectemur, atque obsequamur : quò isthæc domus tibi, tanquam rerum diuinarum experientissimo moderatori concredita, crescat, augeatur, & continuè illustretur. Quæ honestate, innocentia, integritate, etsi non anteferenda ; certè nulli in regno Scotiæ hactenus postponenda venit. Si autem quæ dixi (quanquam sunt & alia in patruo tuo argumenta non pauca, quæ te ad eum imitandum, etiam me tacente, adhortari, admonereque possunt & debent) si ea, inquam, quæ modò dixi nihili pendas, quod equidem spero non futurum, non solum te gregemque tuum in maximum periculum coniicies ; verumetiam nomini tuo perpetui dedecoris & ignominiæ notam, ac maculam nullo seculo eluendam, haud dubiè inures penitus atque imprimes. Addito & hoc : præclaram illam patrui tui famam, ac probitatem partim a suis maioribus acceptam, partim verò propriis virtutibus non modice adauctam, qui te domui huic honestæ religiosæque familiæ, nostro (tantus est non solum in patruum tuum, sed etiam in eius nepotes, aut familiaritate aliqua ei coniunctos, propter eum noster & omnium amor) & amicorum multorum rogatu, præfici passus est, non modicè improbitate tua dehonestabis, atque adeò quantum in te est, valde ingratus, denigrabis. Patruum autem tuum imitandum tibi proposui, Abba, non quòd Benedicto, Bernardo, aut cuiquam ex cohorte veterum Patrum, qui iam in cælis æternam requiem adepti beata—fœlicitate perenniter perfruentur, præferendum impudenter & temerariè dicam. Aut quòd eum ipsum vndequaque perfectum denique censeam (hoc autem solus nouit scrutans corda & renes Deus) sed potius vt hominem timoratum

APPENDIX TO THE PREFACE.

& perquam prudentem tibique iam cognitum & perspectum, nec procul abs te seiunctum : vtque quem tibi nepoti suo, gregi quoque tuo optime consultum maxime cupere certissime sciam. Et ne ceruicibus tuis onus aliquod viribus impar imponere videar. Sed hic longior fortasse sum quàm tempus ipsum postulat. Itaque finis esto, vbi verbum vnum addidero, quod vtique breue erit. Si autem ea quo modo dixi præstiteris, Abba (præstabis certè modo volueris & conatus fueris, non enim deest tibi corporis robur, aut incolumitas, laus superis : nec etiam est tibi paruum ingenium, nec incultum, nec turpiter hirtum) nos filios in Christo tuos habebis non solum vigilantes (omnium autem nomine loquor) morigeros & obedientes : sed tuorum etiam laborum ac vigiliarum memores, dum viuimus in laudem Christi pastoris summi, pro te orantes, decantare non desinemus :

Ergo pia ob studia & magnos durosque labores,
Ille Deus pacis det tibi pace frui.
Concedatque tuis succedant omnia votis :
Et bona successus adiuuet aura tuos.

ANT. BARDOL.

Hæc autem omnia, vt post huius vitæ pericula exantlatosque labores patrocinante patre nostro Bernardo, a pastorum principe Christo, Domino, cum cæteris eius ouibus a dextris collocatis, læti pariter audiamus : Euge serui boni & fideles, venite, percipite regnum quod vobis a Patre paratum est a constitutione mundi, gratia ac misericordia Domini nostri Iesu Christi, cui gloria & imperium in secula seculorum.

DE SOLENNI FESTIVITATE
VENERABILIS ET SACROSANCTI
corporis Christi: Concio Capitularis.*

THEMA.

*Venite, exultemus Domino: iubilemus
Deo salutari nostro.
Psal. 94.*

INDIGNVM sane videri posset, & reipsa insignis cuiusdam incogitantiæ esset, fratres, cæteras anni festiuitates, tanto concionis capitularis apparatu certatim à nobis celebrari: & hodiernæ diei celebritatem, inter cæteras præcipuam, non perinde concione pro viribus nostris celebri cohonestari: velint nolint sceleratissimi Ecclesiæ catholicæ desertores quidam, qui hoc nostro æuo, inter alia, quæ scelerate suis scriptis moliuntur, blasphemias indesinenter euomunt, non solum in diuorum laudes, quæ in domo Dei rite canendo quotidie fiunt: sed etiam horrenda impietate, in sacrosanctæ Eucharistiæ (quam heresiarcha Lutherus placentam consecratam, & missæ sacrificium, idolatriam alicubi appellat) mysterium & eius maiestatem cunctis fidelibus venerandam abominationes pessimas effutiunt despuuntque: dum pios, & vere Christianos, hodie hymnis & psalmis laudes Deo concinentes inuiti audiunt, & amara maledicentia more suo irrident. Verùm dum tacitus mecum rem ipsam omnem considero, & eius dignitatem atque excellentiam intueor, intelligere videor nulli hominum tantam esse sapientiam, nulli tantam dicendi copiam, quæ posset solennitatem hodiernam digno satis verborum apparatu exornare. Sed ego iam memor sententiæ illius qui nec fallere nec falli nouit: quoniam si quis sapientiam desiderat, eam à Domino Deo postulet, & dabitur ei: et proinde eiusdem sententia fretus susceptum negocium exequi adnitar. Rogemus itaque, fratres, sapientiam Patris Christum Dominum, ac eius matrem illibatam, quo mihi adsit in hoc negocio, Spiritus sancti gratia, eulogium angelicum offerentes: Aue gratia plena.

Lutherus,, Carolstadius, Zuinglius, Calvinus, Œcolampadius, Melhoferus, Bucerus, Musculus, & nonnulli alii, diaboli ministri fidelissimi.

* Conciones Capitulares, p. 81.

DE SOLENNI FESTIVITATE
VENERABILIS ET SACROSANCTI
corporis Christi: Concio Capitularis.

THEMA.

*Venite, exultemus Domino: iubilemus
Deo salutari nostro.*
Psal. 94.

DIV MVLTVMQVE laborarunt prophanarum historiarum veterum & fabularum scriptores varij : cùm, in peruestigandis & commemorandis perfectis amicis, tum in laudandis & tantum non in cælum euehendis, inter cæteros, Pylade & Oreste duobus amicis, amore mutuo coniunctissimis : quòd quum eorum alter, ob facinus quoddam insigne, damnatus esset capite, alter verò sponte sua asseucrauerit se idem ipsum crimen perpetrasse, vt amicum suum iam morti addictum morte sua liberaret. Nec multum absimile videre est de Pythia & Damone, duobus amicis amicissimis : siquidem hoc animo inter se fuisse ferunt ; quum eorum alteri diem necis Dionysius tyrannus destinauisset, & is qui iam neci addictus erat paucos sibi dies commendandorum suorum causa postulauisset, alter vas factus est eius sistendi : vt si ille non reuertisset moriendum esset ipsi. Mira est hæc, fateor, & rarò inuenta amicitia : & eò magis probanda quo rarior est huiuscemodi amicorum numerus. Verum sileat iam suos Pylades & Orestes, Pythias & Damones, cæterosque consimilis farinæ amicos prophana quæuis historia, aut verius poëtarum fabula :

 Priscaque discedant (inquit ille) *veterum mendacia vatum,*
  Nec muneris habeat fabula vana locum.

Siquidem vnus est non vni aut alteri tantum sed vniuerso hominum generi, verus semper amicus, Christus Dominus verè suspiciendus, amicè amplexandus, verè omnium ore & corde decantendus : qui vera &

amica voce vltro clamitare minimè cessat, Venite ad me omnes pariter qui laboratis, & quocunque onere onerati estis, & ego reficiam vos. Nam quum summus Dominus & Deus esset, eò tamen clementiæ per amorem ardentissimum & veram amicitiam deuenit, vt, veluti suæ deitatis & immensæ celsitudinis oblitus, semetipsum exinanierit, formam serui accipiens, & homo in virginis matris vtero factus, non modo supplicium exquisitum, quum innocens esset & criminis expers, sed & mortem ignominiosam sciens & volens subierit, & mortem æternam, pœnasque acerbas toti humano generi iure inobedientiæ debitas, in proprio corpore exsoluerit. Quæ quum ita sint : ecquis vnquam inuentus hactenus est, aut posthac quis inuenietur, in veri amoris ardore cum amico eo conferendus? Certe nullus. Proinde quis tam saxeus, hæc perpendens, qui tanto salutari suo non exultet, non iubilet, non applaudat? Quis tam ingratus, & tanti amoris, adde & illud, tanti beneficij accepti immemor esse queat, vt non intimis præcordiis & pectore toto amet, non veneretur, non obuiis vlnis amplexetur, non psalterio & cithara modulatè decantet amicum cum, cuius studio, labore, cura, diligentia, tam graui periculo, nempe mortis perpetuæ eruitur, expeditur, liberatur ? nisi si fortè reprobus quispiam Lutheranus, Zuinglianus, aut deploratæ mentis Caluinicus, pridem orci familiæ ascriptus, talis reperiatur. Iure igitur nos, tanti amoris iugiter memores, inuicem adhortari atque exstimulare possumus & debemus, semper amico nostro Christo Iesu ore & corde occinentes, & impigrè, quantulæcunque seruitutis nostræ obsequium, psalmum læti offerentes : Venite, exultemus Domino, iubilemus Deo salutari nostro Iesu Christo, qui succensus igne amoris generis nostri tradidit semetipsum pro nobis, in ara crucis, oblationem & hostiam Deo Patri, in odorem suauitatis. Ecquis porrò in tantum sui obliuisci potest, vt amicum eum non exaltet, non summè diligat, non laudibus celebret, cuius benignitate sit extra aleam paupertatis constitutus ? Nos verò omnes, quum in extremam pauperiem delapsi essemus, amici summi Christi Domini benignitate omni gratia diuites facti sumus, Apostolo attestante, qui ait : Gratias ago Deo meo, quòd in illo diuites facti estis in omnibus, in omni verbo, & in omni scientia, ita vt nihil vobis desit in vlla gratia. Sed quem putas tam effrontem & sui negligentem inueniri posse, præter istos nostri temporis Ecclesiæ catholicæ impugnatores impiissimos, & Christianæ religionis disciplinæque irrisores dementatos, qui si quando lethali vulnere percussus sit, eum amicum non amore & quidem ingenti prosequatur, non benedicat, non exosculetur, à quo curatum se & pristinæ sanitati redditum persensisset ? At certè omnes nos, quum sæpe vulnerati grauiter & saucij lethaliter sumus, amator nostri Christus diligentissime nos curat, & studiosissime saluti restituit, vulneribus nostris vinum & oleum infundens : quod ex parabola illius compertum habemus ab Ierusalem in Iericho descendentis, & in latrones incidentis, qui cum vulneratum spoliatumque, & tantum non animam efflantem, in itinere reliquerunt. Iure igitur optimo in voce exultationis & confessionis decantare tenemur : Venite, exultemus Domino, iubilemus Deo salutari nostro. Quis denique tam petulanter improbus aut amens credi potest qui, si quando in abyssum inciderit, non tota mente, pariter & voce, laudet & intonet amicum eum, cuius beneficio continuò resurgere, & ex imo (dum dico imum intelligo vitia & peccatum) emergere, eripi, & saluari possit ? At nullus mortalium tam immunis ab omni labe peccati inuenitur, qui non quotidie in abyssum cadit, quum sacrarum literarum testimoniis septies in die cadet etiam iustus : et nemo mundus a sordibus, ne infans quidem, cuius est vnius diei vita super terram. Proinde si dixerimus nos peccatum non habere, nosmetipsos seducimus & veritas in nobis non est. Verùm summus ille amicus noster & amator Christus, ex hoc mundo transiturus, amicam manum suam nobis porrigens, reliquit nobis pignus amoris immensi, nempe corpus suum & sanguinem, remedium longe efficacissimum, nolens mortem peccatorum, sed vt conuertantur & æternùm viuant : vt si forte in peccata quantumcumqueuis grauia delapsi fuerimus, eadem confitentes, & pœnitentia ducti, lachrimarum aqua abluentes, corpusque & sanguinem suum dignè sumentes, continuò resurgamus. Venite igitur, & exultemus Domino, & alacres psallamus Deo salutari nostro : Hæc est dies, quam fecit Dominus : exultemus & lætemur in ea, quæ hodiernæ festiuitati ab Ecclesia catholica ritè consecrata esse cognoscitur. Hoc enim sacramentum, id est, corpus & sanguis Christi, sub panis & vini speciebus contentum, cui hic dies, vti iam dixi, sacer est, nos amico nostro & amatori Christo, per immensum eius in nos amorem atque clementiam, concorporat, atque, vt ita dicam, inuiscerat. Hoc sacramentum Christum nobis caput adiungit, cui etiam nos membra admirabili modo arctissime astringit. In hoc denique sacramento est fons & origo omnis gratiæ & bonitatis, etiamsi Lutherus impius dicere non erubuerit festum corporis Christi inuentum esse satanæ. Neque hoc solum dicere ausum est impurum os Luderi, sed Ludius Luderus, quum ludendo in odium Pontificis Romani indulgentias iam damnasset, & purgatorium sustulisset, liberum arbitrium exsufflasset, ecclesiasticam hierarchiam exturbasset, merita omnia denegasset : tandem os in cælum posuit, & sanctos in cælo esse negauit, & eorum merita & intercessiones nullius esse momenti procaciter asseruit. Sed & infandis blasphemiis matrem Christi (pestilentissimam pestem Lutherum ad hoc ipsum in hunc mundum orcus excacasse videtur) lacessiuit, iniuriis innumeris affecit. Et quum peccator in ausibus nephariis à filiis Belial laudaretur, diaboli ministerio iam totus mancipatus, pudorem omnem exuit, frontem perfricuit, nec Deum amplius timuit, nec homines reueritus est, Ecclesiæ sacramenta sacrosancta contaminauit, quorum aliquot damnauit, & vt terræ stercus reiecit atque conculcauit. Sed nec his contentus satanæ satelles, verum aduersus Deum deorum quoque Dominum nostrum Iesum Christum loquutus est iniqua, nempe quòd in cruce desperarit. Tandem vt omnem Dei cultum externum exploderet (plenus omni dolo & fallacia ad subuertendum vias Domini rectas) omnes Dei laudes abrogaret, omnem piorum deuotionem extingueret, primum missas priuatas (vt eò vnde egressa est referat sese concio nostra) in despectum deduxit atque damnauit : tandem & solennes abominabiles fecit, postremò eò impietatis atque vesaniæ deuenit, vt pertinaciter negarit Christum in hostia adorandum, quum a sacerdote consecratur & in altari immolatur. At, omissis modo reliquis omnibus, in quo tandem quæso te Luthere, vosque Apostatæ dementati & execrabiles Zuingliani, atque Caluinici stupidi, maius sue charitatis argumentum euidentiusque summi amoris & dilectionis potuit Christus nobis indignis scruulis demonstrare, quàm in hoc sacratissimo sacramento, in quo sua ipsius præsentia corporali nobis amantissimè prouidit, clarissime protestando illud : Deliciæ meæ esse cum filiis hominum : & fidelissime præstando id quod Apostolis suis pollicendo prædixerat : Si quis diligit me, sermonem meum seruabit, & Pater meus diliget eum, & ad eum veniemus, & mansionem apud eum faciemus? in nullo certe. Iam verò sacrificiis vmbratilibus abrogatis, verum vnicumque sacrificium regali sacerdotio administrandum ab eo institutum est, etiam si vos, ò insensati hæretici, nimio furore aduersus Dominum, & aduersus Christum eius succensi, crepetis medij. Nempe dedicatum est sacerdotium sacerdotiorum, sacrificium sacrificiorum, sacramentum omnium sacramentorum longè augustissimum ab ipso & ex ipso sacerdote sacerdotum, pontificum pontifice: qui idem est Deus Deorum, Rex regum, & Dominus dominantium. Qui & secundum multitudinem miserationum suarum misertus nostri, nolens nos dimittere ieiunos, ne deficeremus in hac via, verum corpus suum supra reliqua eius dona pretiosa, quæ immensa sua magnitudine & infinita numero sunt, pretiosissimum, nobis comedendum, & sanguinem bibendum, liberalissimè sub speciebus panis & vini tribuit, vt inde fiat in nobis fons aquæ salientis in vitam æternam. Qui manducat, inquit, meam carnem, & bibit meum sanguinem, habebit vitam æternam. In hoc certe adimpletum cognoscitur, quod olim à Christo Domino, seruatore nostro, discipulis suis, & in discipulis, Christianis omnibus dictum esse verè perhibetur: Ecce, ego vobiscum sum omnibus diebus, vsque ad consummationem seculi: dum in augustissimo eucharistiæ sacramento, sub panis & vini speciebus, ipse idem verè est, & nobis datur, qui nobiscum fuit in via, atque etiam ipse idem qui iam est & in gloria. Quid ad hanc diuinæ bonitatis benignitatem beneficentiamque accedere potuit? quid huic amori, amicitiæ, atque beneuolentiæ eius erga nos addi debuit? quid locupletius, excellentius, aut diuinius hominibus præstari queat? nihil sanè. Nam omnem largitatis plenitudinem transcendens, modos omnes dilectionis excedens, in hoc sacramento semetipsum exhibet in donum, & veluti prodiga quadam liberalitate ac libera prodigalitate impulsus, donator ipse efficitur datum optimum & donum perfectum. Certè si pateretur modo temporis breuitas possem viros plures trecentis, sanctitate, doctrina, & miraculis insigniter claros huc adducere, Lutherum subdolum, cum vniuersa cohorte sua maligna, in causa sacrosanctæ eucharistiæ prostraturos ac prorsus debellaturos. Sed sufficit vnus Christus, Deus verus & verus homo, in cuius ore non est inuentus dolus, qui dolosam illam turbam mox percutiet, & spiritu oris sui interficiet impios. Ait enim: Ego sum panis viuus, qui de cælo descendi. Si quis manducauerit ex hoc pane viuet in æternum. Et panis quem ego dabo caro mea est pro mundi vita. Quid appositè magis aut clarius dici potest, Luthere insane? tuque Caluine, omnium quos terra Gallica vnquam habuit, nebulo impudentissime ? An non sufficiunt ista Christi verba, si quid vobis esset frontis, ad omnia vestra tela imbellia retundenda ? Sed omissis Lutheranis, Zuinglianis, Caluinicis, cæterisque huius farinæ monstris impudentissimis, Christum in sacrosancta eucharistia veneremur: et diem eius venerationi designatum, cum multa gratiarum actione, in hymnis & psalmis obseruemus, quantumlibet reclamet atque allatret satanæ synagoga, satanicè satanæ dedicata. Et cum Bernardo, patre nostro, dicamus, Disce, Christiane, quantum debeas diligere Christum, qui dedit nobis carnem suam in cibum, sanguinem in potum, animam in pretium, aquam lateris in lauacrum. Quæ omnia quum vera sint & catholicæ fidei vel maximè consona, caueamus diligentissimè ne nostrum quisquam indignè aliquando hunc panem manducet & sanguinem bibat: nam, Apostolo teste, qui manducat & bibit indignè, iudicium sibi manducat & bibit, non diiudicans corpus Domini. Et proinde vnumquemque diligenter admonet dicens: Probet seipsum homo, & sic de pane illo edat, & de calice bibat. Verùm apud se cogitabit fortè quis, neminem hominum inueniri posse, qui sese vsqueadeò dignè præparare valeat, vt vsquequaque dignus, imò, vt vsquam idoneus sit corpus Christi, cibum tam pretiosum, manducare, & sanguinem eius bibere. At is, quicunque sit, si tamen quisquam talis sit, apud se vicissim consideret, homini facienti quod in se est, Deum clementissimum gratiam suam nullo tempore denegare. Nihil enim tam cupit quàm nostris necessitatibus succurrere, & infirmitatibus mederi. Faciamus itaque strenuè quod in nobis est, fratres, hoc est euellamus, si quæ ruga, si quæ sordes, si que macula inhæsit. Si quid inuisum Deo cognoscimus, amputemus, et per pœnitentiam & puram confessionem abluamur & expiemur. Et sic ad sacrosanctum illud sacramentum intrepidi & nihil hæsitantes accedamus. Interim, Deum cunctipotentem obnixè rogantes vt, quemadmodum nobis corpus suum ad edendum & sanguinem ad bibendum, in hac via, ne in ea deficiamus, impartit: ita quoque nos, hac mortali vita defunctos, in sua penuaria cælestia deducat, vt cum beatis æterna & immortali vita fruituri in secula seculorum fœlices delectemur, exultantes Domino, applaudentes Deo salutari nostro Iesu Christo, cui cum Patre & Spiritu sancto sit omnis honor & gloria.

APPENDIX TO THE PREFACE. No. IV.

NOTES OF CHARTERS OF THE PRIORY OF BEAULY.

NOTES of CHARTERS of the PRIORY of BEAULY; in the Collection of LORD LOVAT.

I.

CHARTER by Walter Abbot of Kinlos and prior of the Monastery of Bewlie, in favour of Hugh Lord Fraser of Lovet, of the barony, towns and lands of Beulie, namely the towns and lands of Ardingrask, Rawindoun, Ineeheryric, Altar, Cragskorrye, Platchayth, Grome, Fernlie, Tharknok, Wrquhanye, the half davach, lands of Lie Boytht, Conharbrie, third part of Mekle Cwlmwlyne, third part of Eister Glen of Conueth, fourth part of Faynblair, Lie Ferrie hous, with croft thereof, Lie Amouth, Lie Aldtoun, called the common pasture, Tharfreysche, lands called Lie Masonis land, lands called Johane Cwkis land, a croft called M'huchonis croft, dominical lands called ye Maynis of Bewlye, etc. : a croft called dene James Papis croft, a croft called Merschellis croft, a croft called M'alesteris croft, now occupied by Sir David Dawson, also the two mills of Tharknok and Bewlie; and also the salmon fishings on the water of Ferne, extending from the Cairncott to the sea, or anywhere else on the said water between the salmon fishings of the said noble lord, Hugh Lord Fraser of Lowet, from Kilmorak to the sea, with the Crwis etc. lying in the Priory of Bewlie and shire of Inuernes : To be held of the granter and his successors, in feu farm fee and heritage for ever, for rendering to the granter and his successors, viz. for the toun and lands of Ardingrask £4 : 6 : 8 Scots : and 8/4 for each boll of 12 bolls of farm victual, 3/4 for each boll of two bolls of market wheat, 30/ for each mart of two custom marts, 5/ for each of four custom sheep, 16 pence for each kid of eight custom kids, 16 shillings for each dozen of custom poultry, and eight pence for custom eggs. For the said town and lands of Rawindown, etc. £5 : £6 : 3 : 4 for 16 bolls of farm victual, 6 8 for 2 bolls of custom wheat, £3 for 2 custom marts, 20, for 4 custom sheep, 11/4 for 8 kids, price of each 16 pence, 16/ for 4 dozen custom poultry, and 8 pence for custom eggs. For the said town and lands of Incherydie 43/4 : 33/4 for 4 bolls of farm victual, 3/4 for one boll of custom wheat, 30 for one custom mart, 10/ for two sheep, 5, 4 for 4 kids, 8/ for 2 dozen poultry, and 4 pence for custom eggs. For the said town and lands of Alter 56/8 : 50/ for six bolls of farm victual, 3 4 for one boll of wheat, 30/ for one mart, 10/ for 2 sheep, 5 4 for 2 kids, 8/ for 2 dozen poultry, and 4 pence for custom eggs. For the town and land of Cragskorrie 43/4 : 33/4 for four bolls of farm victual, 3 4 for one boll wheat, 30/ for one mart, 10/ for 2 sheep, 5/4 for 4 kids, 8/ for 2 dozen poultry, and 4d. for custom eggs. For town and land of Platchayth 43/4 : 33/4 for 4 bolls victual, 3/4 for one boll wheat, 30/ for one mart, 10/ for 2 sheep, 5 4 for 4 kids, 8/ for 2 dozen poultry, and 4d. for custom eggs. For town and lands of Grome 56 8 : 33 4 for 4 bolls farm victual, 3 4 for one boll wheat, 30, for one mart, 10, for two sheep, 5/4 for 4 kids, 8/ for 2 dozen poultry, and 4d. for custom eggs. For the town and lands of Fernlie 56/8 : 33/4 for 4 bolls farm victual, 3/4 for one boll wheat, 30/ for one mart, 10/ for two sheep, 5/4 for 4 kids, 8/ for 2 dozen poultry, and 4d. for custom eggs. For the town and lands of Tharknok, £5. For Wrquhanye, 53/4. For the said half davach lands, 40' : 33 4 for 4 bolls farm victual. For the Boytht, 26 8. For Conharbrie, 13/4. For third part of Mekle Culmulyne, 40'. For third part of Eister Glen of Conuetht, 40/. For fourth part of Faynblair, 16/8. For Lie Amonth, 26,8. For the

Ferrie hous and croft, 20/. For Lye Aldtoun, 26/8. For Tharfreysche, 20/. For the Masonis lands, 40/, and 16d. for one kid or lamb. For Johane Cwkis lands, £4, and 4/ for one dozen poultry. For M'huchonis croft, 26/8. For the Mayns of Bewlie, 40/: £3 : 6 : 8 for 8 bolls farm victual, 3/4 for one boll custom wheat, 30/ for one mart, 10/ for 2 custom sheep, 5/4 for 4 kids, 8/ for a dozen poultry, and 4d. for custom eggs. For dene James Papis croft, 46/8. For Merchellis croft, 6/8. For M'alesteris croft, 10/. For the mills of Tharknok and Bewlie, £16 : 13/4 for 40 bolls victual. And for the salmon fishings on the water of Forne 50/ for each barrel of 30 barrels of salmon; with duplication of the said silver duties of the whole foresaid lands, at the entry of each heir; and the said Lord and his heirs rendering one suit or personal presence at one of the prior's head courts, to be held at Bewlie every year after the feast of Pentecost.—Dated at Bewlie and Petlathie respectively 6th and 12th November 1571.

> Walter Abbas a Kinloss
> ac commendatarius de Bewly.
> Ego Dompnus Johannes Roland
> subscribo.
> Ego Dompnus Thomas twynam
> subscribo.
> Ego dominus iohannes Craufurd
> subscribo.
> Ego dominus Dauid Dauson
> subscribo.

II.

OBLIGATION by Walter Abbot of Kinloss, whereby he binds himself and his successors not to redeem the lands, barony, mains, fishings, etc. of Bewlie from the Lord of Lovat, who held the same in reversion for 4500 merks, from the heirs of his Lordship, except for 9000 merks; and that if his Lordship should die on or before the next Whitsunday, and his heirs should then pay to the Abbot, etc., the sum of 4500 merks, the said lands, etc., should remain with the said heirs unredeemablie.—Dated at Pitlathie, November 1571.

[Dorso:—" Ane obligatioun of the abbotis contenand that it nocht salbe lesum to the abot to redeim the landis of Bewlie fra my airis lucais of my deceis bot for the sum of 9000 marks."]

III.

ASSIGNATION by Walter, abbot of Kinlos and prior of Bewlie, to Hew Lord Louet, of " all and sindrie guidis geir cornis cattell oxin kyne scheip noult horsis meiris staigis quhatsumevir being vpone the mains of Bewlie . . . togidder with all fysche faltis nettis coiblis and wther fysche grayth pertaining to the fishings in the water of Bewlie."—Dated at the Priory of Bewlie and Petlathie respectively, November 1571.

IV.

CHARTER by Walter, abbot of Kinlos and prior of the Monastery of Bewlie, in favour of Hugh Lord Fraser of Lowatt, for certain great sums of money, and for other reasonable causes, of the office of constable and hereditary keeper of the palace and principal buildings of the messuage in the place of the priory of Bewlie, erected by the late Robert Bishop of Orkney, and prior of the said monastery, on the east side of the church of Bewlie; also of the office of hereditary bailie within the bounds of the lands of the said priory; with the power of ministering justice, of apprehending and punishing malefactors according to law, of holding courts, etc. etc. within the bounds foresaid: To be held of the granter and his successors in feu and heritage for ever, rendering for the said office of constable and keeper foresaid two silver pennies in name of blench farm, at the feast of Pentecost, if asked; and for the office of bailiary, two pence of the usual money of Scotland, in name of blench farm, at the said feast, if asked.—Dated at the Monastery of Bewlie and Petlathe respectively, 6th and 12th November 1571.

V.

CHARTER by Walter, abbot of Kinlos and Commendator of Bewlene, in favour of Hugh Lord Fraser of Lovet, and his heirs and assignees whomsoever, of the third part of the lands of Mekill Kilmoling, third part of the lands of Eister Glen, fourth part of the lands of Fyndblair, with the pertinents, in the parish of Conveth and shire of Inverness: To be held of the Granter and his successors in feu farm and heritage for ever, for rendering yearly, for the third part of Mekill Kilmoling 40/, the like sum for the third part of Eister Glen, and 16/8 for the third part of Fyndblair.— Contains a Precept of Sasine, and is dated at the Monastery of Bewlene

VI.

DISCHARGE by Walter, Abbot of Kinlos and prior of Bewlie, to Hew lord Fraser of Lowet, for 4500 merks contained in a Reversion made by the said lord to the said Abbot, for redemption of the lands, mains, fishings of Bewlie, and their pertinents, in case of non-payment of the said sum before the feast of Whitsunday next, the said 4500 merks being complete payment of 13500 merks promised by the said lord to the said Abbot for the feus of the said lands, mains, and fishings of Beulie.—Dated at Dundee 30 April 1572.

VII.

PROCURATORY by Walter Abbot of Kinlos and prior of the Monastery of Bewlie, for resigning, in the hands of the King, the benefice, priory, and monastery of Bewlie, etc., in favour of Master John Fraser, as fully qualified in literature and manners to have the same conferred upon him.—Dated 29th April 1572.

VIII.

PRECEPT by King James VI. directed to the Superintendent of the Churches within the diocese of Ross, commanding him to instal Mr. John Fraser, in possession of the priory of Bewlie, vacant by the demission of Walter Abbot of Kinloss, last prior and possessor of the said priory, who demitted and resigned the same in favour of the said Mr John Fraser, in the hands of James Earl of Morton, regent: the said Mr. John Fraser being found by his ordinary of sufficient literature and ability for the said priory.—Dated at Edinburgh 6 January 1572.

IX.

CHARTER by John Prior of Beulie, etc. in favour of Hugh Lord Fraser, and his heirs male, of the dominical lands, called the Mains of Bewlie, and the salmon fishings belonging to the said Monastery, on the water of Forne, extending from the Carnecott to the sea: To be held of the granter and his successors, in feu farm and heritage for ever; rendering for the said Mains of Bewlie 64 bolls of victual annually, and for the said fishings, 30 barrels of salmon. —Dated at Bewlie 5 May 1575.

X.

PRECEPT by Master John Fraser commendator of Bewlie, superior of the constabulary and hereditary keepership of the palace, etc., of the place and Monastery of Bewling, etc., to James Fraser in Balladrwme, Alexander M'Conyll M'Alester in Bontait, his bailies, for infefting Simon lord Fraser of Lowet, as heir to his father the deceased Hew lord Fraser of Lowet, in the office of constabulary and hereditary keepership of the buildings of the palace of the Monastery and place of Bewling, etc.—Dated at Bawling 22 April 1580.

TABULA.

		PAGE
1.	Bull by Pope Alexander III., confirming to the Abbot and Convent of Kinloss the rights and privileges granted to them by King David I., and adding others. Dated at Ferentino 18 February A.D. 1174-5	105

[From the original belonging to Sir Thomas Dick-Lauder, Bart.]*

2. Charter by King William the Lion to the Church of Kinloss, of the whole land of Burgin. Dated at Elgin before A.D. 1180 . 108
   [Registrum Moraviense, p. 454.]

3. Charter by King William the Lion to the Abbot and Convent of Kinloss, of the whole land of Strathylaf. Dated at Elgin 31st July A.D. 1195-1196 109
   [Shaw's History of Moray, p. 450, 2d Edit. Illustrations of the Antiquities of Aberdeen and Banff, vol. ii. p. 230.]

4. Charter by Richard, Bishop of Moray, to the Abbot and Monks of Kinloss, taking them, and their whole possessions, under his protection. 1187-1203 110
   [Registrum Moraviense, p. 456.]

5. Charter by King Alexander II. to the Monks of Kinloss of the land of Burgyn, which Malcolm, Earl of Fife, and others, had perambulated by his Majesty's command. Dated at Edinburgh 7 December 1221 112
   [Registrum Moraviense, p. 456.]

6. Charter by King Alexander II., confirming to the Abbot and Convent of Kinloss certain grants of lands made in their favour by King David I., Malcolm IV., William the Lion, and others. Dated at Scone 12 February [1225] 114
   [Registrum Moraviense, p. 457.]

7. Composition regarding certain disputed teinds of the prebends of Forres, Rathed, and Alvays, as also regarding the teinds of Strathylyf. Dated 20 September 1229 . . . 116
   [Registrum Moraviense, 84.]

* From a note written on this document by Sir Thomas Dick-Lauder, it appears that the Bull was given to him by George Cumin of Relugas.

TABULA.

8. Letter by Pope John XXII., directed to the Chancellor of Ross, appointing him to determine concerning the appeal of the Abbot and Convent of Kinloss, against Thomas, Bishop of Ross, who had deprived Henry, the late Abbot of Kinloss, of his right as a Canon of the Church of Ross, and of a prebend therein, which right had belonged to the Abbots of Kinloss from time immemorial. Dated at Avignon 5 January [1325] 120
  [From the original in the Advocates' Library.]

9. Confirmation by Henry, Bishop of Aberdeen, in favour of the Abbot and Convent of Kinloss, of the right of patronage of the Church of Ellon, which had been conferred upon them by King Robert Bruce. Dated at Aberdeen [1328] . . . 121
  [Registrum Aberdonense, vol. i. p. 48.]

10. Transumpt under the Seal of John, Bishop of Murray, of a Charter by King William the Lion, in favour of the Abbey of Kinloss, of a toft in the burgh of Inverness, another in Eren, in Forres, in Elgin, and in Aberdeen, free from all burdens. Transumpt dated at Spynie 29 August [1355] 124
  [From the original Transumpt among the Charters of the Burgh of Aberdeen.]

11. Charter by King David II. in favour of Donald Bannerman, confirming a donation made to him by the Abbot and Convent of Kinloss of a piece of land in the Gallowgate of Aberdeen. Dated at Perth 18 October [1370] 125
  [From the Registrum Magni Sigilli, MS. Gen. Reg. House.]

12. Notarial Transumpt of a Charter by King Robert Bruce, in favour of the Abbot and Monks of Kinloss, relieving them and the tenants of their lands in Moray and Banffshire, from making any suit or appearance at the Chamberlain, Justiciary, and other Courts, or at weaponshaws, etc., as well as from other usual customs and secular service. Dated at Ayr 2 May [1312.] The Transumpt is dated at Alves 15 February 1412 . . 125
  [From a copy in the Charter-Room at Slains.]

13. Charter by King James I., confirming (I.) A Charter by King Robert I. to the Abbot and Monks of Kinloss, dated at Ayr 2 May 1312. (See the preceding Minute.) (II.) A Charter by King Robert I. to the Abbot and Monks of Kinloss, confirming to them

TABULA. 103

the right which they had received from previous Sovereigns of
digging a channel whereby they might lead the water of Masseth
to the monastery of Kinloss. Dated at Cromarty 1st June [1310].
(III.) A Charter by King Robert I. to the Abbot and Monks of
Kinloss, of the whole fishing of the water of Findern. Dated at
Aberdeen [1310]. The Confirmation is dated at the monastery of
Melrose 12 October [1425] 129
[From the Registrum Mag. Sigill. MS. Gen. Reg. House.]

14. Decreet of the Lords of Council in the action at the instance of the
Abbot and Convent of Kinloss against William Lord of St.
John's, for unjustly withholding from them the sum of 400
merks Scots, of the mails and farms of the Churches of Alvath
in Ross, and Ellon in Buchan, and of the lands and barony of
Strathylay, for the preceding year. [16 October 1493] . 133
[From Acta Dominorum Concilii, MS. Gen. Reg. House.]

15. Charter by King James IV. to William, Abbot of Kinloss, and the
Convent thereof, erecting the town of Kinloss, situated before the
gates of the monastery, into a free Burgh of Barony, with all the
ordinary rights and privileges. Dated at Stirling 27 April 1497 135
[From the Registrum Mag. Sigill. MS. Gen. Reg. House.]

16. Charter by King James IV., confirming a Charter by King Robert
Bruce, in favour of the Abbot and Convent of Kinloss, of the
whole fishing of the water of Fyndern. [*Vide supra*, No. 13 (III.)]
The Confirmation excepts the fishing of the "Sley pule" and
three lasts of salmon yearly, payable by the said Abbot and Con-
vent to the king and his successors. Dated at Edinburgh 28
December 1505 137
[From the Registrum Mag. Sigill. MS. Gen. Reg. House.]

17. Letter of Renunciation by King James IV. in favour of the Abbot
and Convent of Kinloss, of the said three lasts of salmon yearly,
of the fishing of the water of Findern. Dated at Edinburgh
9 December 1512 139
[From the Registr. Secret. Sigill. MS. Gen. Reg. House.]

18. Charter by Thomas, Abbot of Kinloss, and the Convent thereof,
in favour of Patrick Cheyne of Essilmouth and Isobella Bade
his spouse, and their heirs-male, of the lands of Lethnot, in the
parish of Gamery. To be held of the granters and their succes-

TABULA.

	PAGE
sors, for the annual payment of 10 merks Scots. Dated at the Monastery of Kinloss 29 March 1518 . . . [From a copy in the Charter-Room at Slains.]	141

19. Precept by Thomas, Abbot of Kinloss, and the Convent thereof, for infefting James Urquhart, son of Alexander Urquhart of Burrisyard, in a sixteenth part, or day, of the fresh-water fishing of Findern. Dated at the Monastery of Kinloss 29 October 1520   142
[From the original, penes Editorem.]

20. Decreet by Mr. Alexander Strachan of Thornton, Justice-depute and Lieutenant to Archibald Earl of Argyll, anent the Marches betwixt the lands of Lethnot and Troup. Dated 8 August 1537 . 143
[From a copy in the Charter-Room at Slains.]

21. Charter by Robert, Abbot of Kinloss, and Convent thereof, in favour of Alexander Ogilvy of that Ilk, and of Finlater, of certain debatable lands between Strathilay and Deskfurd. To be held of the granters for the yearly payment of £3 : 6 : 8 Scots. Dated 18 November 1537 146
[From the original at Cullen House.]

22. Letters of Bailiary by Walter, Abbot of Kinloss, in favour of Patrick Cheyne of Essilmonth, Knight, Thomas Cheyne, his son, and their heirs, as Bailies of the lands of the Regality of Lethnot and Ellon. Dated 17 June 1559 149
[From a copy in the Charter-Room at Slains.]

23. Precept on Assedation by Walter, Abbot of Kinloss, to Andrew Paton and Agnes Langmuir, his spouse, and their heirs-male, in the lands of Burroleyis and Corbe Craig, for the space of 19 years. Dated at Kinloss 1 October 1559 . . . 151
[From the original, penes Editorem.]

24. Precept by Walter, Abbot of Kinloss, and Convent thereof, for infefting Sir John Anderson, and Jonet Gibson, his spouse, and their heirs-male, in the lands of Struderis, etc. Dated at Kinloss 10 April 1565 152
[From the original, penes Editorem.]

25. The Haill Rental of the Abbay of Kinloss, in all Maills, Teinds, Kirks, and Duties, [1574] 154
[From the Register of Assumption of Benefices, MS. Gen. Reg. House.]

CARTE ABBACIE DE KINLOS.

✢

BULLA Alexandri Pape Abbati et Monachis de Kinlos. (A.D. 1174.)

1. ALEXANDER Episcopus seruus seruorum Dei dilectis filiis Rainerio Abbati Sancte Marie de Kinlos ejusque fratribus tam presentibus quam futuris regularem uitam professis. In perpetuum Ad hoc universalis Ecclesie cura nobis a prouisore omnium bonorum deo commissa est ut religiosas diligamus personas . et bene placentes deo religiones studeamus modis omnibus propagare. Quapropter dilecti in Domino filii uestris justis postulationibus clementer annuimus et prefatum monasterium in quo diuino mancipati estis obsequio . sub beati Petri et nostra protectione suscipimus . et presentis scripti priuilegio communimus . Inprimis siquidem statuentes . ut ordo monasticus qui secundum deum et beati Benedicti regulam atque institutionem cisterciensium fratrum in eodem loco institutus esse dinoscitur . perpetuis ibidem temporibus inuiolabiliter obseruetur. Preterea quascunque possessiones . quecunque bona idem monasterium inpresentiarum iuste et canonice possidet aut in futurum iustis modis probante domino poterit adipisci firma uobis uestrisque successoribus . et illibata permaneant. In quibus hec propriis duximus exprimenda uocabulis . Locum ipsum in quo prefatum monasterium situm est cum terris aquis pratis pascuis piscaturis siluis molendinis grangiis asiamenta foreste materiam pasnagium corticem et ad ignem necessaria et fodinas. Sane laborum uestrorum quos propriis manibus aut

sumptibus colitis siue de nutrimentis uestrorum animalium nullus omnino decimas . a nobis presumat exigere. Adicimus etiam ut siue in mari siue in fluminibus fratres uel famuli ipsius monasterii . piscationes suas exercuerint ubicunque applicuerint nullus a uobis decimas exigat. Prohibemus insuper auctoritate apostolica nequis fratres uestros clericos uidelicet siue laicos post factam in monasterio uestro professionem absque uestra licentia suscipere audeat uel detinere. Sancimus etiam nequis archiepiscopus uel episcopus siue cuiuslibet ordinis persona locum uestrum a diuinis interdicat officiis nisi abbatis uel fratrum ipsius loci euidens et manifesta culpa extiterit. Liceat autem uobis cum commune interdictum terre fuerit clausis ianuis et exclusis excommunicatis et interdictis non pulsatis campanis suppressa uoce diuina officia celebrare. Paci quoque et tranquillitati uestre paterna sollicitudine prouidentes auctoritate apostolica inhibemus ut nullus infra ambitum ecclesie uestre siue grangias uestras uiolentiam uel rapinam seu furtum facere aut ignem apponere . uel hominem capere seu interficere audeat. Preterea omnes libertates seu etiam immunitates . ac regias consuetudines a bone memorie Dauid quondam rege Scottorum uobis et ecclesie uestre rationabiliter indultas et scripti sui pagina roboratas auctoritate apostolica confirmamus et illibatas statuimus perpetuo permanere . Prohibentes ne quisquam hominum uos aut ecclesiam uestram de omnibus auxiliis et geldis et hydagiis et danegeldis et assisis et murdris placitis querelis scutagiis theloneo pessagiis pontagio et de omni tem et tala et omnibus occasionibus et omnibus consuetudinibus omnique terreno seruitio . et seculari exactione audeat infestare sed liberi et quieti ab huiusmodi exactionibus maneatis quemadmodum predictus rex Dauid scriptis suis uobis confirmauit . Presenti quoque scripto sancimus ne episcopus uel aliqua secularis persona aut quelibet persona alterius ordinis in quorum Episcopatibus . uel potestatibus monasteria uestra consistunt regularem et canonicam electionem abbatis uestri umquam impediant . nec de remouendo ac deponendo eo qui pro tempore fuerit . contra statuta Cisterciensis ordinis et auctoritatem priuilegiorum suorum se ullatenus intromittant. Liceat etiam uobis clericos uel laicos liberos et absolutos e seculo fugientes ad conuersionem uestram recipere et eos absque ullius contradictione in uestro collegio retinere. Decernimus ergo ut nulli omnino hominum liceat prefatum monasterium temere perturbare aut eius possessiones auferre uel ablatas retinere minuere seu quibuslibet uexationibus fatigare . sed illibata omnia et integra conseruentur eorum pro quorum gubernatione et sustentatione concessa sunt usibus omnimodis profutura salua sedis apostolice auctoritate. Siqua igitur in futurum ecclesiastica secularisue persona hanc nostre constitutionis paginam sciens contra eam temere uenire temptauerit secundo tertioue commonita nisi presumptionem suam digna satisfactione correxerit potestatis honorisque sui dignitate careat reamque se diuino iudicio existere de perpetrata iniquitate cognoscat et a sacratissimo corpore et sanguine dei et domini redemptoris nostri ihesu christi aliena fiat atque in extremo examine districte ultioni subiaceat Cunctis autem eidem loco sua iura seruantibus sit pax domini nostri ihesu christi quatinus et hic fructum bone actionis percipiant et apud districtum iudicem premia eterne pacis inueniant.—Amen. Amen.

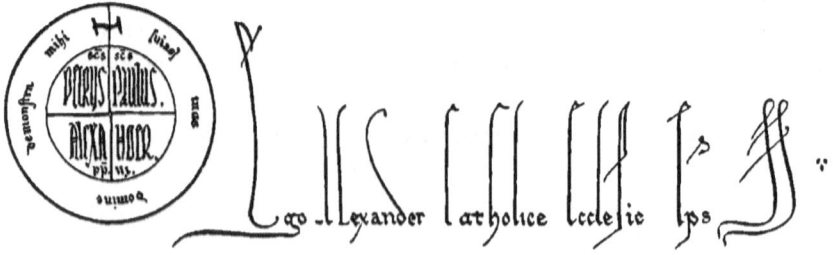

☩ Ego Alexander Catholice Ecclesie Episcopus subscribo Bene valete.
☩ Ego Hubaldus Hostiensis Episcopus subscribo.
☩ Ego Bernardus Portuensis et Sancte Rufine Episcopus subscribo.
☩ Ego Gvalterius Albanensis Episcopus subscribo.
☩ Ego Johannes Presbyter Cardinalis Sanctorum Johannis et Pauli tituli Pamachii subscribo.
☩ Ego Guillelmus tituli Sancti petri ad uincula Presbyter Cardinalis, subscribo.
☩ Ego Boso Presbyter Cardinalis Sancte Pudentiane tituli Pastoris, subscribo.
☩ Ego Manfredus Presbyter Cardinalis Sancte Cecilie tituli subscribo.
☩ Ego Petrus Presbyter Cardinalis tituli Sancte Susanne subscribo.

Memorandum.—Quod concilium lateranense celebratum erat anno domini m°. c°. lxx°. ix°. [in a later hand].

☩ Ego ardicio diaconus Cardinalis Sancti theodori subscribo.
☩ Ego Cinthyus diaconus Cardinalis Sancti Adriani subscribo.
☩ Ego Vitellus diaconus Cardinalis Sanctorum Sergii et Bachi subscribo.
☩ Ego Hugo diaconus Cardinalis Sancti Angeli subscribo.
☩ Ego Laborans diaconus Cardinalis Sancte Marie in Porticu subscribo.

Datum Ferentini per manum Gratiani Sancte Romane ecclesie subdiaconi et Notarii xii Kalendas Martij Indictione viii Incarnacionis dominice Anno m°. c°. lxx°iiii° Pontificatus uero domini Alexandri pape iii anno xvi.

Carta donationis Willelmi Regis totius terre de Burgin.

2. W. DEI gratia Rex Scottorum . episcopis . abbatibus . comitibus . baronibus . justicijs . vicecomitibus . ministris et omnibus probis hominibus totius terre sue clericis et laicis salutem . Sciant presentes et futuri me pro salute anime mee et animarum predecessorum et heredum meorum dedisse et concessisse et hac carta mea

confirmasse Deo et ecclesie de Kinlos et monachis ibidem Deo servientibus totam terram illam de Burgin que est ex aquilonali parte vie mee regie que vadit de Fores versus Elgin . scilicet a rivulo de West qui est in exitu nemoris sicut via predicta vadit de Fores usque ad Elgin usque ad magnam silvam de Kelbuthac . et abinde de transverso usque ad divisas terre de Kinlos . Tenendam et possidendam in liberam et perpetuam elemosinam ita bene et plenarie et honorifice et ita libere et quiete ab omni servicio et exactione seculari sicut alias tenandrias et possessiones suas ad eandem ecclesiam perpetualiter pertinentes liberius quietius plenius et honorificencius tenent . Testibus Matheo episcopo de Abredon . Andrea episcopo de Catanes . David fratre meo . Waltero de Bidun cancellario . Comite Duneeano . Comite Gilberto . Comite Malcomo . Ricardo de Morevil constabulario . Waltero filio Alani Dapifero . Waltero de Berkeley . W. filio Freskin . Petro de Polloc . apud Elgin.

Carta Willelmi Regis de terra de Strathylaf data Monasterio de Kynlos.

3. WILLELMUS Dei gracia Rex Scotorum episcopis abbatibus comitibus baronibus justiciarijs vicecomitibus prepositis ministris et omnibus probis hominibus tocius terre sue clericis et laicis salutem Sciant presentes et futuri me diuine caritatis intuitu pro salute anime mee et animarum omnium predecessorum et successorum meorum regum scocie et animarum omnium fidelium defunctorum dedisse concessisse et hac presentj carta mea confirmasse Deo et beate marie et omnibus sanctis et abbatj ac monachis de Kynlos ibidem Deo seruientibus et imperpetuum seruituris totam terram de Strathylaf cum omnibus suis justis pertinentijs ad eandem terram iuste spectantibus seu quoquo modo spectare valentibus in futurum per rectas suas metas et diuisas quas eisdem fecimus per meliores

et antiquiores patrie perambulari videlicet a loco vbi lagyñ descendit in Hylaf ascendendo per altum sicum in rubeo musso vsque ad summitatem orientalis Belach et per summitatem vtriusque Belach vsque eque vltra fontem qui vocatur Lesking Ewin Et ab eodem fonte sicut riuolus ipsius fontis descendit per gradokis in Hylef Et sic ascendendo per Hylef vsque Geth vbi Forgyn descendit in Hylef Et inde ascendendo per forgyñ vsque Algars Et sic vsque Aldrochin et ab inde vsque Algargadin et ita vsque Fertheken [et vsque Telinire et Badnagir et sic per ascensum aque usque Hachindaling et ita usque Polenterf et inde usque Clargynloy et sic] vsque Tubirnancam et vsque Clochindistoñ et ab inde descendendo per Lagyn in Hylef Tenendam et habendam eisdem monachis et eorum successoribus inperpetuum in liberam puram et perpetuam elimosinam in bosco et plano in terris et aquis in pratis et pascuis in moris et maresijs in siluis et venacionibus in aucupacionibus et piscationibus in stagnis et molendinis et omnibus alijs ad predictam terram juste pertinentibus ita libere et quiete plenarie et honorifice sicut prefati monachi vel alii viri religiosi Cisterciensis ordinis aut cuiuscumque alterius religionis elemosinas suas in regno meo liberius quiecius plenius et honorificencius tenent et possident. Testibus R. episcopo Morauiensi. J. episcopo de Cathenesai. R. episcopo Rossensi. H. cancellario meo. R. de Prebenda clerico meo. Comite Patricio. Comite Duncano. Comite Gilberto. Willelmo de Moruil constabulario. Roberto de Quinci. Philippo de Valoniis camerario. Willelmo filio Fresk. Willelmo Cuming. Willelmo de Haya. Rogero de Mortimer. Phylippo de Lundin. Waltero Murdach. Harbarto Marescallo. Apud Elgyñ. vltimo die Julij.

CARTA protectionis Ricardi episcopi Moraviensis.

4. RICARDUS Dei gratia episcopus Moravie universis Christi fidelibus episcopatus Moravie tam clericis quam laicis salutem et

divinam benedictionem. Cura pastoralis nos ammonet et exortatur et ex suscepte administrationis debito provocamur religiosorum votis intendere et eos contra malignantium insultus quantum possumus communire. Illis autem specialius majori quadam prerogativa providere debemus qui nobis majori tenentur affectione annexi . et qui frequentius pro Cristi nomine inter malivolas animas constituti tam in se quam in rebus suis vexationes sustinent et injurias . quo minus in ordine suscepto ea qua deceret devotione Deo possent impendere famulatum. Dilectis itaque filijs nostris abbati et monachis de Kynlos cum omni devotione et dilectione in suis justis petitionibus volentes adesse . tam eos quam eorum possessiones universas sub nostra suscipimus protectione . presenti scripto statuentes ut omnibus libertatibus et commoditatibus quibus a prima fundatione a bone memorie David quondam Rege et Malcolmo et Willelmo regibus Scotie ejusdem David successoribus . alijs quoque qui eis intuitu religionis aliquid contulerunt . eos donatos esse constiterit libere eis uti liceat et gaudere. Specialiter autem ex dono prenominati David Kynlos et Inuerlochethin per rectas divisas suas . terram quoque quam ipse Rex David eis perambulavit sicut rivulus descendit in Massat et sicut maresia descendit ad nemus . et terram super quam Scottie molendinum stabat cum piscarijs et omnibus alijs ad predictam terram pertinentibus . et terram . Eth quam Tvethel tenuit per easdem divisas per quas ipse tenuit . et unum rete in aqua de Eren . et boscum de Inche damin. Ex dono Malcolmi Regis unam sedem molendini super Massat cum proxima laudella duarum acrarum . et in landella de Burgin unam carucatam terre legitime mensuratam . et tria tofta unum in Elgin unum in Forcis unum in Innernis. Ex dono Regis Willelmi totam terram de Burgin que est ex aquilonali parte vie regie que vadit de Fores ad Elgin scilicet a rivulo versus occidentem qui est in exitu nemoris usque ad magnam silvam de Kelbuthach et abinde usque ad divisas terre de Kynlos . Et terram de Invereren quam Matheus episcopus de Aberdon et comes Dunecanus et Hugo clericus et W. filius Freseskin eis perambularunt. Et terram prepositure de Invereren sicut W. filius Freseskin et Petrus de Polloc eis perambularunt. et unum toftum in Eren. Ex dono Willelmi episcopi et concessione successorum ejus Felicis et Symonis Episcoporum Moravie terram ecclesie de Burgin. Ex dono Alani Dapiferi quinque solidos de firma trium toftorum suorum scilicet de Elgin Fores et Invernis. Ex dono Petri de Polloc tertiam partem de halech de Dundurcus et tertiam partem piscarie ejusdem halech in vita Petri et post decessum ejus totam halech et totam piscariam. juxta tenorem cartarum a prenominatis fundatoribus eis concessarum. eis auctoritate episcopali confirmamus et presentis scripti patrocinio communimus ut ab omni exactione constituantur immunes tam in decimis quam in alijs juxta Romanorum Pontificum privilegia. favore ordinis eis super his universaliter indulto. Si quis hujus concessionis temerator extiterit indignationem Dei non immerito poterit formidare. Qui autem in libertatibus suis conservandis eis prestiterint patrocinium eternam in Christo remunerationem promittimus. Hujus concessionis et confirmationis testes sunt hij. T. Archidiaconus. Bricius W. Robertus decanus. Rogerus de Innernis. Symon clericus de Duffus. Lambertus persona de Fores. Abraham de Lanemalbride. Walterus. Rogerus. capellani. Hugo clericus. W. filius Freseskin. Hugo filius ejus. Petrus de Polloc. Michael de [Wemys?].

Carta confirmationis Regis Alexandri II. terre de Burgyn.

5. ALEXANDER Dei gratia Rex Scottorum omnibus probis hominibus totius terre sue clericis et laicis salutem. Sciant presentes et futuri me dedisse et concessisse et hac carta mea confirmasse Deo et beate Marie et monachis de Kinlos ibidem Deo servientibus et servituris terram de Burgyn quam comes Malcolmus de Fif et

Gillebertus archidiaconus Moravie et Andreas filius Willelmi Fresekin et Archibaldus de Duflius et Alexander et Henricus fratres Bricij episcopi Moraviensis et alij probi homines mei eisdem monachis per preceptum meum perambulaverunt et per easdem divisas per quas eisdem monachis terram illam tradiderunt . scilicet a magna quercu in Malevin quam predictus comes Malcolmus primo fecit cruce signari usque ad Rune Pictorum et inde usque ad Tubernacrumkel et inde per sicum usque ad Tubernafein et inde usque ad Runetwethel et inde per rivulum qui currit per maresiam usque ad vadum quod dicitur Blakeford quod est inter Burgyn et Ulern . Tenendam in puram et perpetuam elemosinam per predictas divisas et cum omnibus justis pertinencijs suis ita libere quiete plenarie et honorifice sicut alias terras suas tenent de dono antecessorum meorum . Testibus Willelmo de Boscho cancellario . Adam et Roberto capellanis . Waltero de Lindesey . David Mariscallo . Johanne Giffard . Thoma de Strivelin clerico . Johanne de Haya . Apud Edenburg septimo die Decembris anno gratie millesimo ducentesimo vicesimo primo.

Interpretatio nonnullorum terminorum presentis carte de Burgye ex autographo pergameno assuto.

Tubernacrumkel ane well with ane thrawin mowth or ane cassin well or ane crwik in it.
Tubernafeyne of the grett or kemppis men callit ffenis is ane well.
Rune Pictorum the carne of the Pethis or the Pechts feildis.
Malith the brow of ane hill.

CARTA confirmationis Regis Alexandri II. donationum predecessorum et aliorum ecclesie de Kinlos et monachis factarum.

6. ALEXANDER Dei gratia Rex Scottorum episcopis abbatibus comitibus baronibus justiciarijs vicecomitibus ministris et omnibus probis hominibus totius terre sue clericis et laicis salutem . Sciant presentes et futuri nos concessisse et hac carta nostra confirmasse Deo et ecclesie Sancte Marie de Kinlos et monachis ibidem Deo servientibus et servituris omnes terras et tenementa et redditus eis a predecessoribus nostris et alijs datoribus rationabiliter data et concessa. videlicet ex donatione pie recordationis Regis David Kinlos et Innerlochketin per rectas divisas suas in bosco et plano in pratis et pascuis in aquis et piscarijs et omnibus alijs ad predictas terras juste pertinentibus . et preterea terram quam ipse Rex David perambulavit sicut rivulus descendit in Massath et sicut maresia descendit ad nemus. et terram super quam stabat Scoticum molendinum cum piscarijs et omnibus alijs pertinencijs suis . ex dono etiam ejusdem terram Heth quam Twothel tenuit per easdem divisas per quas ipse tenuit in bosco et plano et aquis . et unum rete in aqua de Eren simul cum burgensibus de Forcis. et boscum de Inche damin per easdem divisas per quas ipse Rex David eis ostendit coram episcopo Katanensi et alijs probis hominibus suis . Preterea ex dono pie memorie Regis Malcolmi unam sedem molendini super Massath cum proxima landella duarum acrarum . et in landella de Burgyn unam carucatam terre legitime mensuratam . et ex dono ejusdem tria tofta scilicet unum in Innernis unum in Forcis et unum in Elgin . Et ex dono Alani filij Walteri Dapiferi illos quinque solidos quos ipse de firma trium toftorum suorum de Elgin Forcis et Innirnis eis dedit . Et ex dono Walteri Murdach et assensu

Murielis sponse sue totam illam partem terre de Halech de Dundurcus quam proprijs manibus et sumptibus excoluerunt anno et die quo Petrus de Polloch fuit vivus et mortuus per easdem divisas per quas tunc tenuerunt. Et de incremento illam particulam terre quam Johannes de Hastingis et dictus Walterus Murdach et alij probi homines eisdem monachis assignaverunt cum pastura in carta dicti Walteri Murdach super hoc confecta plenius expressa. Et ex dono Roberti Corbeth tres bovatas terre inter ecclesiam de Gamerin et Trup juxta mare scilicet Lethenoth per rectas divisas suas cum communi pastura et omnibus alijs aisiamentis ad predictam terram juste pertinentibus. Preterea ex donatione domini Willelmi Regis patris nostri totam terram illam in Burgin que est ex aquilonali parte vie regie que vadit de Forcis versus Elgin per divisas contentas in carta predicti domini Regis Willelmi. Et terram illam de Invereren quam Matheus Aberdonensis episcopus et comes Dunecanus de Fif et Hugo clericus predicti domini Regis et Willelmus filius Freschin et Petrus de Polloch illam eis perambulaverunt. ita tamen quod retinemus ad opus nostrum piscarias omnes illius terre et duas acras cum piscarijs. Et preterea unum toftum in Eren. unum in Aberdon. unum in Banef. unum in Berewych. unum in Strivelin. unum in Perth. unum in Munros. ita ut homines eorum super ipsa tofta manentes liberi sint et quieti ab omnibus auxilijs servicijs consuetudinibus et exactionibus secularibus ad nos pertinentibus per servicium quod eis facere debent. Et preterea ex dono ejusdem domini Regis Willelmi Strathilif per rectas divisas suas et cum omnibus justis pertinencijs suis. Item ex dono David filij comitis Duneccani de Fif. totam illam partem terre de Belach de qua inter ipsum David et monachos nominatos quondam fuit contraversia per divisas in carta predicti David expressas. Quare volumus ut prefati monachi omnia prescripta in liberam et perpetuam elemosinam teneant et possideant ita libere et quiete plenarie et honorifice sicut aliqui viri religiosi Cisterciensis ordinis in tota terra nostra elemosinas suas liberius quietius plenius et honorificentius tenent et possident sicut carte datorum testantur. salvo tamen servicio nostro de terris de quibus servicium habere debemus . sicut carte et confirmatio domini Regis Willelmi patris nostri inde facte testantur et confirmant . Testibus Thoma de Strivelin cancellario domini Regis . Willelmo Cumyn comite de Buchan justiciario Scotie . Rogero de Quinci . Henrico de Strivelin filio comitis David . Waltero Cumin . Willelmo de Brus . Alexandro de Seton . Michaele Scoto . Apud Sconam duodecimo die Februarij anno regni nostri duodecimo.

Compositio cum Abbate de Kynlos de decimis de Strathylif. (A.D. 1229.)

NOVERINT omnes hoc scriptum visuri vel audituri quod cum mote essent plures controversie inter Archidiaconum et Precentorem Moraviensis ecclesie super quibusdam decimis nomine prebendarum de Forays de Rathed et de Alvays et rectores ecclesie de Keth nomine ejusdem ecclesie super decimis de Strathylyf ex parte una et abbatem et conventum de Kynlos ex altera. de consilio proborum virorum et de voluntate et assensu partium nomine prebendarum et ecclesiarum predictarum sic amicabiliter est inter eos compositum et ordinatum . scilicet quod predicti archidiaconus et precentor nomine prebendarum et ecclesiarum suarum de Forays et de Rathed et de Alvays . et rectores ecclesie de Keth nomine ejusdem ecclesie . de consensu et assensu totius capituli Moraviensis . totum jus quod dicebant et credebant se habere vel habebant in rebus petitis quietum clamaverunt pro se et successoribus . renunciantes liti mote et movende . impetratis et impetrandis super premissis . in hac forma.

quod [de] terra de Strathylyf sita in parochia de Keth et terris suis sitis in parochiis de Forays. Rathed et de Alvays cum date fuerint ad firmam vel ex asse vel ex parte. de terris ad firmam datis ecclesie parochiales in quarum parochiis dicte terre sunt site a firmariis omnes decimas et rectitudines ecclesiasticas percipient. De terris autem non datis ad firmam ratione privilegiorum suorum a prestatione decimarum iidem monachi erunt immunes. Episcopus autem Moraviensis omnes donationes dictis monachis rationabiliter factas et omnes libertates et jura quorum confirmatio ad Episcopum pertinet juxta officium sue administrationis confirmavit eisdem. Preterea dictus Episcopus Moraviensis nomine Moraviensis ecclesie ob certas causas et eidem ecclesie necessarias omni juri et exactioni sibi et ecclesie Moraviensi competentibus de illa parte terre que appellatur Kyrkeburne de assensu decani et capituli Moraviensis pro se et successoribus suis penitus et in perpetuum renunciavit. Omnia autem instrumenta super premissis confecta nisi sint indulgentie vel privilegia quacunque parte fuerint inventa irrita sint et prolata nullam habeant firmitatem ut ex eis jus aliquod habeatur vel adquiratur nisi ad probationem et declarationem in hoc instrumento contentorum. Abbas autem et conventus de Kynlos quo ad terras sitas in parochiis prebendarum et ecclesiarum predictarum quieti erunt et immunes in perpetuum ab omni exactione et prestatione decimarum juxta tenorem privilegiorum suorum. excepto quod pro bono pacis utilitate et incremento episcopatus. archidiaconatus. precentarie ecclesie Moraviensis et ecclesie de Keth . episcopis Moraviensibus ex debito tres solidos et . iiii . denarios . archidiaconatui tres marcas . precentarie . x . solidos . et ecclesie de Keth . vi . marcas singulis annis persolvent . sub hac forma . scilicet quod si dicti monachi totas terras suas sitas in parochiis de Forais . de Rathueth . de Alvays . et de Keth vel in aliqua istarum parochiarum totam terram suam ad firmam dederint . ecclesia in cujus parochia sita est terra ad firmam data omnes decimas et rectitudines ecclesiasticas a firmariis predictarum terrarum plene percipiet et integre . et dicti monachi quieti erunt a solutione portionis dicte pecunie que contingit archidiaconum vel precentorem si in eorum parochia . vel ecclesiam de Keth si in ejus parochia sita est terra data ad firmam. Si autem aliquotam partem dederint monachi ad firmam terrarum in predictis parochiis sitarum de tota portione pecunie predicte quieti erunt et absoluti quota portio terre ad firmam data fuerit . quoad eos in quorum parochiis terre site fuerint ad firmam date . et residuum integraliter persolvetur. Ita tamen quod predicti tres solidi et quatuor denarii singulis annis in perpetuum solventur episcopis Moraviensibus pro decimis domini Regis de Burgyn . et hec supradicta singulis annis secundum formam singulis solventur ad festum Sancti Martini in hyeme. Terra quidem ad monachos termino firme elapso devoluta contenti erunt predicti archidiaconus . precentor et rectores ecclesie de Keth necnon et omnes eis in posterum successuri suprataxata pecunie summa eisdem annuatim persolvenda juxta predictam distinctionem. Ad hec igitur fideliter tenenda et servanda dicti Episcopus . Archidiaconus et Precentor Moraviensis . nomine episcopatus . de Forays . de Rathueth . de Alvays prebendarum . et rectores ecclesie de Keth nomine ejusdem ecclesie . Abbas et monachi memorati . per solempnem promissionem et presentem scripturam se obligaverunt . quibus omnibus auctoritas Episcopi cum consensu capituli sui interveniente accessit et hec omnia confirmavit juxta quod in instrumento ejusdem auctentico super hoc confecto plenius continetur . ut ordinatio ista realis sit et non personalis. In horum autem firmum et indubitabile testimonium ei parti scripture in modum cyrographi confecte que penes predictos Abbatem monachos et conventum remanet appensa sunt sigilla domini Alexandri illustrissimi Regis Scotie et predictorum Episcopi et capituli Moraviensis . necnon et decani . archidiaconi precentoris . et cancel-

larii Moraviensis . cum subscriptionibus canonicorum Moraviensis
ecclesie . ei autem parti que penes sepedictum Episcopum et capitulum Moravie habetur appensa sunt sigilla Abbatum de Melros . de
Neubotyl . de Cuper . de Sancto Servano . de Deer . et de Sancto
Edwardo . una cum sigillo predicti Abbatis de Kynlos . cum subscriptionibus monachorum suorum. Conventum est autem et promissum
solempniter et [per] presentem solempnem scripturam obligaverunt
se sepedictus Episcopus pro se et successoribus suis dicti archidiaconus et precentor . capitulum Moraviense . et rectores ecclesie de
Keth . item predictus Abbas et Conventus de Kynlos . pro se et sibi
in posterum successuris . ad subeundam penam centum marcarum
solvendam servantibus supradicta fideliter in omnibus ab hiis qui
contra eam in aliquo temere venire presumpserint vel attempta-
verint. Actum anno gratie M°. cc°. xx°ix°. mense Septembri . xii .
Kalendas Octobris . anno regni domini Alexandri Regis Scotie . xv°.
apud Kynlos per manus Roberti ejusdem loci supprioris. Ego frater
Herbertus dictus abbas de Kynlos per manum fratris supprioris
subscribo. Ego frater Symon prior subscribo. Ego frater Robertus
de Aberden subscribo. Ego frater Alketinus de Pethmus subscribo.
Ego frater Robertus de Saute subscribo. Ego frater Benedictus
Augustini subscribo. Ego frater Teodicus de Jar' subscribo. Ego
frater Willelmus de Invernar subscribo. Ego frater Willelmus de
Salteby subscribo. Ego frater David de Lynton. Ego frater Ricardus de Jenico. Ego frater Rogerus de Muy. Ego frater Robertus de Duffus. Ego frater Henricus de Kyntessoc. Ego frater Hugo
de Abyrden. Ego frater Thomas de Fif. Ego frater Robertus de
Elgyn. Ego frater Alanus de Forays. Ego frater Radulphus de
Abyrden. Ego frater Henricus de Gyseburn. Ego frater Ricardus
de Addun. Ego frater Willelmus de Dunde. Ego frater Alexander
de Invernys. Ego frater Robertus de Addun. Ego frater Serlo de
Anegus subscribo.

CARTE ABBACIE DE KINLOS.

LITERA PAPALIS Cancellario Rossensi directa, super appellacione Abbatis contra Episcopum Rossensem. (A.D. 1325.)

JOHANNES episcopus seruus seruorum Dei. Dilecto filio. Cancellario ecclesie Rossensis Salutem et apostolicam benedictionem. Sua nobis dilecti filij. Abbas et Conuentus Monasterij de Kynlos Cisterciensis ordinis Morauiensis diocesis petitione monstrarunt quod de antiqua et approbata et tanti temporis spatio pacifice obseruata consuetudine cuius contrarij memoria non existit Abbates eiusdem monasterij qui fuerunt pro tempore Canonici extiterunt ecclesie Rossensis et prebendam in eadem ecclesia distinctam habuerunt et perceperunt ipsius prebende redditus et prouentus faciendo in eadem ecclesia per ydoneum vicarium deseruiri et uocem in Capitulo ut Canonici eiusdem ecclesie cum in eadem ecclesia electiones tam Episcoporum quam aliorum prelatorum eiusdem ecclesie pro tempore a Capitulo eiusdem ecclesie inibi celebrate fuerunt habuisse noscuntur et ad omnes tractatus corundem Capituli ab eodem Capitulo admissi fuerunt a tempore supradicto. Verum venerabilis frater noster Thomas episcopus Rossensis contra consuetudinem huiusmodi absque aliqua rationabili causa pro suo ueniens arbitrio uoluntatis Henricum quondam Abbatem eiusdem monasterij proximum predecessorem ipsius Abbatis canonicatu et prebenda huiusmodi contra iustitiam spoliauit quamquam idem predecessor fecerit loco sui dum obtinebat canonicatum et prebendam predictos per ydoneum vicarium deseruiri et paratus esset in eadem ecclesia facere deseruiri dictumque abbatem dicti monasterij qui nunc est ad canonicatum et prebendam ac alios tractatus predictos admittere indebite recusauit ab eisdem Abbate et Conuentu super predictis cum instantia requisitus quamquam idem Abbas qui nunc est in dicta ecclesia loco sui occasione canonicatus et prebende predictorum per ydoneum vicarium deseruiri facere sit paratus propter quod pro parte ipsorum abbatis et Conuentus ad sedem extitit apostolicam [est] appellatum sed ijdem abbas et Conuentus iusto ut asserunt impedimento deterriti non sunt appellationem huiusmodi infra tempus legitimum prosecuti. Quare ijdem abbas et Conuentus nobis humiliter supplicarunt ut huiusmodi lapsu temporis non obstante prouidere ipsis super hoc de oportuno remedio dignaremur. Quocirca discretioni tue per apostolica scripta mandamus quatinus uocatis qui fuerint cuocandi et auditis hincinde propositis quod canonicum fuerit appellatione remota decernas faciens quod decreueris auctoritate nostra firmiter obseruari. Testes autem qui fuerint nominati si se gracia odio uel timore subtraxerint vt [per] censuram ecclesiasticam appellatione cessante compellas ueritati testimonium perhibere. Datum Auinione nonas Januarij Pontificatus nostri Anno nono.

Concordia inter Episcopum Aberdonensem et Abbatem de Kynlos super Ecclesia de Elone. (A.D. 1328.)

VNIVERSIS sancte matris ecclesie filiis presentes literas visuris vel audituris Henricus permissione diuina Aberdonensis ecclesie minister humilis eternam in Domino salutem. Vniuersitati vestre notum facimus per presentes quod cum serenissimus princeps ac dominus noster dominus Robertus Dei gratia rex Scottorum illustris religiosis viris dominis abbati et conventui de Kynlos Cisterciensis ordinis Morauiensis dyocesis ius patronatus vicarie ecclesie de Elone in Buchania pio ductus affectu contulisset et per cartam suam eisdem confirmasset Nos dictorum religiosorum paupertati et monasterii sui destructioni per guerram paterno compacientes affectu ad releuandum eorum necessitates et statum de voluntate assensu et consensu totius capituli nostri vocatis vocandis in regno existentibus . habito prius super hoc frequenti diligenti et solempni tractatu per eosdem in capitulo nostro . dictam vicariam de Elone vacantem per resignationem discreti viri domini Roberti de Peblis dudum vicarii eiusdem in manibus nostris factam cum omnibus obuentionibus oblationibus redditibus et aliis quibuscunque iustis pertinenciis suis predictis religiosis abbati et conuentui de Kynlos ad suam sustentationem in proprios vsus caritatis intuitu contulimus et per presentes literas eisdem confirmauimus in forma que sequitur videlicet quod considerata vtilitate ecclesie nostre cathedralis et diuini cultus ampliatione in eadem . de fructibus dicte vicarie viginti quatuor marcas annuas per manus dictorum religiosorum abbatis et conuentus de Kynlos nomine simplicis prebende cuidam canonico quem de nouo in ecclesia nostra creauimus qui stallum in choro locum et vocem in capitulo tanquam canonicus in omnibus habebit et quatuor marcas vni diacono in stallo suo deseruienti de predictis viginti quatuor marcis annuatim ministrabit . et centum solidos annuos pro salario vnius capellani in dicta ecclesia nostra perpetuo deseruituri nobis et successoribus nostris reseruauimus . Ita tamen quod predicte prebende collatio quotiens vacauerit de consensu et voluntate dictorum religiosorum abbatis et conuentus de Kynlos ad nos et successores nostros pertineat in futurum admissio vero dicti capellani ad decanum et capitulum spectabit . et quia officij nostri est cure et regimini dicte ecclesie de Elone salubriter prouidere de consensu dictorum religiosorum ordinamus quod vicarius qui animarum curam geret ac perpetuo residebit ibidem habebit mansum suum cum orto more solito cuius quidem vicarie presentatio quotiescunque vacauerit spectabit ad predictos religiosos. et predicti religiosi summas predictas canonico capellano ac vicario apud Elone residenti prescriptas et assignatas ad duos anni terminos apud Elone persoluent seu facient persolui . videlicet medietatem ad festum assumptionis beati Marie virginis anni Domini . m^{mi} . ccc . xxviij . et aliam medietatem ad festum pasche immediate sequens . Predicti vero religiosi de dicta vicaria de Elone et omnibus obuentionibus suis ad libitum suum et communem vtilitatem liberam et irrefragabilem omnibus futuris temporibus habebunt disponendi facultatem in forma prescripta . Predicti etiam religiosi abbas et conuentus de Kynlos subiecerunt se in premissis iurisdictioni nostre et successorum nostrorum quod si aliquo termino solutionis faciende in solutione dictarum summarum cessatum fuerit liceat nobis et successoribus nostris ipsam ecclesiam de Elone in capellis suis suspendere vel alio modo canonico punire quousque prefatis canonico capellano et vicario vt premittitur plenarie fuerit satisfactum remotis in omnibus supradictis omni occasione impetitione contradictione appellatione dilatione et omnibus aliis impedimentis que huic ordinationi nostre in premissis in aliquo obesse poterunt seu nocere . Quicunque autem contra premissa auctoritate nostra et capituli nostri consensu et [pro] diuini cultus augmento [ad] honorem ecclesie nostre et vtilitatem ordinata temere contrauenire presumpserint indignationem Dei omnipotentis et beate Marie virginis incurrant . quam ad maius robur huiusmodi ordinationis nostre et concessionis ac etiam ad specialem petitionem predictorum religiosorum abbatis et conuentus de Kynlos ferimus in omnibus contra ea venire temere presumentibus . In premissorum autem firmum et indubitabile testimonium parti huius instrumenti in modum scrographi confecti et penes antedictos abbatem et conuentum de Kynlos ad perpetuam rei memoriam remanenti sigillum nostrum vna cum sigillo communi capituli nostri est appensum . Parti vero residenti penes nos et capitulum nostrum sigillum commune predictorum religiosorum est appensum . Testibus capitulo nostro apud Abberdone.

EXEMPLIFICATIO CARTE WILLELMI REGIS de toftis Abbatis de Kynlos. (A.D. 1355.)

PATEAT vniuersis per presentes nos Johannem miseracione diuina ecclesie Morauiensis ministrum humilem vidisse inspexisse et ex integro perlegisse quandam cartam serenissimi principis domini Villelmi quondam Regis Scottorum illustris non cancellatam non abrasam nec in aliqua parte sui viciatam viris religiosis Abbati et conuentui Monasterii de Kynlos concessam cuius quidem tenor talis est de verbo ad verbum WILLELMUS Dei gratia Rex Scocie Episcopis Abbatibus Comitibus Baronibus Justiciis vicecomitibus ministris et omnibus probis hominibus tocius terre sue clericis et laicis salutem . Sciant presentes et futuri me dedisse et concessisse et hac carta mea confirmasse deo et ecclesie Sancte Marie de Kynlos et monachis ibidem Deo seruientibus quinque plenaria tofta in liberam et puram et perpetuam elemosinam . scilicet vnum toftum in burgo meo de Inuernys et vnum in Eren et vnum in fforeys et vnum in Elgyn et vnum in Abyrden tenenda et possidenda ita libere et quiete plenarie et honorifice sicut aliqua elemosina liberius quiecius plenius et honorificencius teneri vel possideri potest . Concessi eciam eis et dedi et hac carta mea confirmaui vt homines eorum super tofta predicta manentes liberi sint et quieti ab omnibus auxiliis et seruiciis et consuetudinibus et ab omni exactione seculari ad me pertinentibus per redditum et seruicium quod prenominatis monachis facient vel facere debent . Testibus Jocelino Episcopo de Glesgo . Abbate Ernaldo de Melros . Hugone Abbate de Neubatil . Dauid fratre meo . Comite Wallevo . Ricardo de Moreuill Constabulario . Waltero Olifer Justiciario . Alani filio Walteri dapifero . Willelmo de Lauder . Waltero de Berchelai Camerario . Ranulfo de Sules . Apud Melros . In cuius rei testimonium presentibus sigillum nostrum apposuimus. Datum apud Spyni in festo decollacionis Sancti Johannis Baptiste anno domini millesimo tricentesimo quinquagesimo quinto.

CARTA REGIS DAVID Confirmans Cartam Abbatis de Kynlos in favorem Donaldi Bannerman. (A.D. 1370.)

DAUID Dei gracia . Rex . Scottorum Omnibus probis hominibus &c. . Sciatis nos approbasse &c. donacionem illam et concessionem . quas Religiosi viri . abbas . et conuentus monasterij de Kynlos . fecerunt . et concesserunt. Donaldo Banerman de terra sua iacente in vico furcarum burgi de abirdene . ex occidentali parte eiusdem vici . Tenenda et habenda dicto donaldo . et heredibus suis . cum omnibus et singulis &c. adeo libere et quiete plenarie integre et honorifice in omnibus et per omnia . Sicut carta dictorum Religiosorum dicto donaldo inde confecta in se iuste continet et proportat saluo seruicio nostro. In cuius rei &c. Testibus &c. apud Perth xviij° die mensis Octobris Anno Regni nostri Quadragesimo primo.

INSTRUMENTUM super collacione Carte Roberti Regis Scotie in favorem Abbatis et Conventus de Kynlos. (A.D. 1412.)

IN Dei nomine amen Noueritis universi quod anno ab incarnacione Domini millesimo quadringentesimo xii secundum cursum et computationem Ecclesie Scoticane indictione sexta mensis februarij die decima quinta pontificatus Sanctissimi in Christo patris ac domini nostri domini Benedicti Diuina prouidentia pape tertij decimi anno decimo nono In mei notarij publici et subscriptorum testium presentia personaliter constitutus Reverendus in Christo pater Dominus Adam Dei gratia abbas monasterij de Kinloss ordinis cisterciensis moraniensis diocesis percepit et per me notarium publicum infrascriptum perlegi fecit quandam literam in pergameno scriptam vero sigillo felicis recordationis Domini nostri Domini Roberti quondam Regis Scotorum illustrissimi in cera alba impendenti in cujus una parte Rex sedens in solio tenet sceptrum in alia vero parte idem Rex armatus cum galea et scuto equo insedens gladium tenet evaginatum in manu more literarum Regiarum sigillatam non abolitam non rasam nec in aliqua parte sui viciatam sed prorsus omni vicio et suspicione ut prima facie apparebat carentem quam per me notarium publicum infrascriptum copiari petiit et transcribi de verbo ad verbum et super hoc sibi fieri publicum instrumentum cujus Ltere tenor sequitur in hijs verbis ROBERTUS Dei gratia Rex Scotorum Episcopis Abbatibus prioribus Comitibus Baronibus justiciarijs vicecomitibus et ceteris ministris universis qui nunc sunt et futuris et omnibus alijs probis hominibus totius terre sue in Domino salutem Noverit universitas vestra nos Serenissimorum principum Regum Scocie illustrissimorum piis vestigiis inherere volentes et pauperum Christi ac religiosorum quieti salubriter providere pro animabus omnium parentum progenitorum et predecessorum nostrorum filiorum nepotum et omnium successorum nostrorum et animabus omnium fidelium defunctorum dedisse concessisse et hac presenti carta nostra confirmasse Deo et Beate Marie et omnibus sanctis necnon abbati et Monachis de Kinloss ibidem Deo servientibus et in perpetuum servituris omnes illas terras donationes et possessiones suas quas habent ex collationibus predictorum principum Regum Scocie predecessorum nostrorum et aliorum fidelium oblationibus infra Moraviam et infra vicecomitatum de Bamf et

terras suas ac burgagia regia libitumque [sua ubicumque?] in burgis
nostris aut alibi [ubicunque locorum infra regnum nostrum Scocie
constituta] cum silvis aquis molendinis piscationibus venationibus
et omnibus aliis commoditatibus aysiamentis et pertinentiis infra
easdem terras existentibus vel ad easdem temporibus predecessorum
nostrorum predictorum et modo spectantibus seu quocumque modo
spectare valentibus in futurum una cum omnibus priviledgiis indul-
gentiis et libertatibus predecessorum nostrorum Regum Scocie illustrissimorum siue sanctissimorum patrum Romanorum pontificum vel
quorumcunque aliorum eisdem concessis Tenendas et habendas sibi
et successoribus in perpetuum in liberam puram et perpetuam elimosinam adeo libere et quiete plenarie et honorifice sicut aliqua
elimosina infra Regnum nostrum Scocie liberius plenius honorificentius per Conventum Religiosorum vel per Regem vel dominum
alicui loco religioso donari possit vel a quocumque monasterio
possideri Volumus et concedimus quod predicti Religiosi et
eorum homines prefatas terras inhabitantes pro eisdem terris et possessionibus suis quandocumque et ubicumque infra Regnum Scocie
constitutis nobis aut cuicunque curie [vicecomitis] Camerarij vel
Justiciarij aut cujuscunque alterius nomine nostro quocunque
tempore in futurum nullam sectam vel aparitionem facere teneantur
vel ad indictamentorum depositiones et armorum ostentationes
propter terras suas predictas venire sive ad contributionum solu-
tiones seu quascunque consimiles consuetudines vel servitium
aliquid seculare nullo modo compellantur vel [eciam] ad exercitum
nostrum vel successorum nostrorum venire nisi quando in literis
nostris vel eorum expresse contentum fuerit ut unusquisque pro
capite suo vadat quocunque priviledgio vel indulgentia non obstante
sed eosdem Religiosos cum suis hominibus terris bonis et possessionibus universis modo habitis vel in posterum habendis ab omnibus
vexationibus hujusmodi et oneribus supra memoratis pro statu

nostro et Regni nostri et omnium fidelium corporum et animarum perpetua salute pro orationum suffragiis et alijs contemplationis operibus quietius vacaturos liberos esse volumus in perpetuum et absolutos Quare vobis omnibus et singulis precipimus firmiter et mandamus ne quis vestrum prenominatos religiosos vel eorum homines predictas terras inhabitantes contra libertates suas et privilegia supradicta ac etiam nostram prescriptam Cartam et Confirmationem in aliquo vexare presumat aut inquietare sub pena nostre plenarie forisfacture et offensionis Regie nostre Majestatis In cujus rei testimonium sigillum nostrum jussimus apponi presenti Carte similiter et Confirmationi nostre Testibus Bernardo abbate de Aberbrothoc Cancellario nostro Edwardo de Bruys et Domino de Carrick fratre nostro Waltero Senescallo Scotiæ Johanne de Menteith et Roberto de Keth militibus Apud Air secundo die mensis Maij anno Regni nostri septimo Acta fuerunt hec in Aula parochiali de Alves sub anno indictione mense die et pontificatu supradictis presentibus venerabilibus viris Magistro Johanne de Speneto precentore Ecclesie Moraviensis Domino Thoma de Balormy Capellano Ecclesie ejusdem Willelmo de Sancto Claro scutifero et pluribus alijs testibus.

Et Ego Johannes de Moravia Clericus Sancti Andree Diocesis Publicus Imperiali autoritate Notarius presentis transumpti petitioni una cum prenominatis testibus presens fui et hoc transumptum Collatione habita cum principali Scripto proprijs manibus meis scripsi, etc.

CARTA Confirmationis trium Cartarum Roberti Regis Scotie in favorem Abbatis et Conventus de Kynlos. (A.D. 1424.)

JACOBUS Dei gracia Rex Scotorum omnibus probis hominibus tocius Regni sui clericis et laicis salutem Sciatis nos tres cartas felicis recordacionis quondam [Roberti] de Bruys nostri predecessoris Regis Scocie illustris Deo et beate marie et omnibus sanctis necnon abbati et conuentui de Kynlos Cisterciensis Ordinis ibidem Deo seruientibus et in perpetuum seruituris salubriter concessas et confirmatas de mandato nostro visas lectas inspectas et diligenter examinatas non rasas non obolitas non cancellatas nec in aliqua sui parte viciatas intellexisse ad plenum in hijs verbis :—

ROBERTUS Dei gracia Scotorum Rex Episcopis Abbatibus Prioribus Comitibus Baronibus Justiciarijs vicecomitibus ac ceteris ministris vniuersis qui nunc sunt et futuris ac omnibus alijs probis hominibus tocius terre sue eternam in Domino salutem. Nouerit vniuersitas vestra nos serenissimorum principum regum Scocie illustrium pijs vestigijs inherere volentes et pauperum Christi ac Religiosorum quieti salubriter prouidere pro animabus omnium parentum progenitorum et predecessorum nostrorum ac animabus omnium fidelium defunctorum dedisse concessisse et hac presenti carta nostra confirmasse Deo et beate Marie et omnibus sanctis necnon abbati et monachis de Kynlos ibidem Deo seruientibus et in perpetuum seruituris omnes illas terras donaciones et possessiones suas quas habent ex collacionibus principum regum Scocie predecessorum nostrorum uel aliorum fidelium oblacionibus infra Morauiam et infra vicecomitatum de Banff, et terras suas ac burgagia vbicunque in burgis nostris uel alubi ubicunque locorum infra Regnum nostrum Scocie constituta cum siluis aquis molendinis piscacionibus venacionibus et omnibus alijs comoditatibus aysiamentis et pertinenciis infra easdem terras existentibus uel ad easdem in temporibus predecessorum nostrorum predictorum uel modo spectantibus seu quoquomodo spectare valentibus in futurum vna cum omnibus priuilegijs indulgencijs et libertatibus [predecessorum] nostrorum Regum Scocie illustrium siue Sanctissimorum Patrum Romanorum Pontificum uel aliorum quorumcunque eisdem concessis Tenendas et habendas eisdem et successoribus suis in perpetuum in liberam puram et perpetuam elemosinam adeo libere et quiete plenarie et honorifice sicut aliqua elemosina in toto Regno Scocie liberius quiccius plenius et honorificencius per quemcunque regem uel quemuis alium cuicunque loco religioso donari potest uel a quocunque monasterio possideri Volumus eciam et concedimus quod predicti Religiosi et eorum homines prefatas terras inhabitantes pro eisdem terris et possessionibus suis quibuscunque et vbicunque infra Regnum Scocie constitutis nobis aut cuicumque curie vicecomitis Camerarij vel Justiciarij aut cuiuscunque alterius nomine nostro quocunque tempore in futurum nullam sectam uel apparicionem facere teneantur uel ad indictamentorum deposiciones uel armorum ostensiones extra terras venire siue ad contribucionum soluciones aut quascunque consimiles consuetudines uel seruicium aliquod seculare nullomodo compellantur vel eciam ad exercitum nostrum uel successorum nostrorum venire nisi quando in literis nostris uel eorum expresse contentum fuerit vt vnusquisque pro capite suo vadat quocunque priuilegio uel indulgencia non obstante sed eosdem religiosos cum suis hominibus terris bonis ac possessionibus vniuersis modo habitis uel imposterum habendis ab omnimodis vexacionibus huiusmodi et oneribus superius memoratis pro statu nostro et regni nostri et omnium fidelium corporum et animarum perpetua salute [pro] pijs oracionum suffragijs et alijs contemplacionis operibus quiccius vacaturos liberos esse volumus imperpetuum et absolutos Quare vobis omnibus et singulis precipimus firmiter et mandamus ne quis vestrum prenominatos Religiosos uel corum homines predictas [terras] inhabitantes contra libertates suas et priuilegia supradicta ac eciam presentem cartam et confirmacionem in aliquo vexare presumat aut inquietare sub pena nostre plenarie forisfacture et offensionis nostre Regie magestatis. In cuius Rei testimonium presenti [carte] simul et confirmacioni nostre sigillum nostrum iussimus apponi Testibus Bernardo Abbate de Abirbrothoke cancellario nostro Edwardo de Bruys Comite de Carrik fratre nostro Waltero Senescallo Scocie Johanne de Menteth et Roberto de Keth militibus apud Arc secundo die Maij anno regni nostri Sexto.

ROBERTUS Dei gracia Rex Scotorum vicecomiti de foreys et eiusdem Balliuis omnibus qui pro tempore fuerint necnon eiusdem burgi prepositis et balliuis vniuersis Salutem Inclite recordacionis illustrium Regum Scottorum predecessorum nostrorum pijs vestigijs inherere volentes ac graciam et fauorem quem predicti reges viris religiosis abbati et conuentui de Kynlos caritatiue fecerunt continuare cupientes Vobis mandamus in fide et legalitate qua nobis tenemini firmiter precipiendo quatenus non impediatis nec ab aliquibus alijs quibuscunque impediri permittatis abbatem et conuentum de Kynlos uel eorum homines quin libere et sine impedimento terram licite fodiendo possint trahere et habere per medium terre nostre usque ad domum suam de Kynlos aquam de Masseth quam habent ex dono predecessorum nostrorum ut perspeximus et quam eisdem per hanc presentem cartam nostram damus et imperpetuum confirmamus. Mandamus insuper ut omnes dicte aque tractum impedientes seu ductum frangentes per corporis captionem distringatis quousque nostram forisfacturam levaueritis de eisdem et predictis abbati et conuentui racionabiliter fuerit satisfactum et hoc non omittatis sub pena omnium que erga nos poterint amitti Datum apud Cromothy sub sigillo nostro primo die mensis Julij anno Regni nostri quarto.

ROBERTUS Dei gracia Rex Scotorum omnibus probis hominibus tocius terre sue salutem Sciatis nos diuine caritatis intuitu et pro salute animarum patris nostri et matris nostre fratrum nostrorum et omnium antecessorum et successorum nostrorum dedisse concessisse et hac presenti carta nostra confirmasse Deo et beate Marie et abbati et monachis de Kynlos totam piscariam aque de flindern Tenendam et habendam eisdem abbati et monachis et eorum successoribus imperpetuum de nobis et successoribus [nostris] cum omnibus commoditatibus libertatibus et aysiamentis ad dictam piscariam pertinentibus uel aliquo iure pertinere valentibus in futurum in liberam puram et perpetuam elemosinam adeo libere et quiete plenarie et honorifice sicut aliqua alia elemosina in toto regno nostro de nobis tenetur seu possidetur . In cuius rei testimonium presenti carte sigillum nostrum fecimus apponi presentibus hijs testibus Malcolmo Comite de Leuenax Alexandro de Menzeis Willelmo Wysman Waltero de Normanuill militibus Jacobo de Douglas Alexandro fraser et alijs Datum apud Aberdene Anno regni nostro quarto. Nos igitur pijs vestigijs felicis recordacionis progenitoris nostri predicti caritatiue inherere volentes pro salute anime nostre animarumque patris nostri et matris nostre fratrum sororum et omnium antecessorum et successorum nostrorum prefatas cartas donaciones et concessiones ac libertates in eisdem contentas in omnibus punctis suis et articulis condicionibus et modis ac circumstanciis forma pariter et effectu prout iuste possident de presenti approbamus ratificamus et hac presenti carta et confirmacione nostra pro nobis et successoribus nostris imperpetuum confirmamus simul cum siluis aquis herbagijs piscacionibus et venacionibus ac alijs suis iustis pertinenciis quibuscumque in puram et perpetuam elemosinam ut superius continetur Insuper divine caritatis intuitu damus et concedimus et presentibus confirmamus ut prefati abbas et monachi yaras suas solitas et consuetas prope sepedictum monasterium situatas libere pacifice et quiete cum omnibus commoditatibus earundem absque cuiuscunque aut quorumcunque molestia grauamine seu perturbacione aliquali de nobis et successoribus in puram et perpetuam elemosinam ut prefertur teneant et possideant Preterea bonum commune et policiam patrie affectantes vt tenemur eisdem abbati et monachis etc . Damus et concedimus per presentes ut in brasina sua communi iuxta et prope idem monasterium a longo tempore fundata et situata panes in furno seu alias et carnes ac pisces decoqui valeant quociens opus fuerit imperpetuum vt ea itinerantibus et aliis suis expensis poterint ministrari Quare vobis omnibus et singulis firmiter precipiendo mandamus ne quis vestrum prefatos religiosos terras aut possessiones suas uel corum homines contra presentem cartam et confirmacionem nostram in aliquo vexare seu perturbare aut inquietare presumat et hoc sub pena nostre plenarie forisfacture et offensionis nostre regie maiestatis. In cuius rei testimonium sigillum nostrum presentibus apponi jussimus apud monasterium de Melros anno regni nostri xix°. Testibus Willelmo episcopo Glasguensi cancellario nostro Archibaldo Comite de Dowglas Johanne forstar Johanne de Setoun Roberto de Lawedre et Willelmo de Borthwyk militibus . Datum apud Melros duodecimo die Octobris.

ANENT the MAILLIS of the Abbacie of Kynlos. From the Acta Dominorum Concilij, pp. 302, 303. (16th October 1493.)

ANENT the actioune and cause persewit be the Abbot and convent of Kynloss aganis William lord of Sanct Johnis for the wrangwis detentioune and withhalding fra thaim of the soume of four hundrethe merkis vsuale money of Scotland in the quhilkis he is bundin be ane attentik instrument . for the malez fermez and dewitez of the Kirkis of Alvath in Ross and Ellone in Buchane and of the landis of the barony of Straithylay of a yere bipast as wes allegiit . baith the saidis partiis beand present be thaim self and thair procuratouris . The said Abbot grantit him to be emplessit and content of the soume of liftj merkis of the said soume sa that the said William lord of Sanct Johnis walde bring to him ane acquittance and discharge of maister Hew Martyne . to quham he allegiit he had deliuerit the said · l · merkis in the naim of the said Abbot . And tharfore the lordis assignis to the said William lord of Sanct Johnis the thrid day of Februare nixt to cum with continiatione of dais to bring the said acquittance and discharge of the said maister Hew of the said · l · merkis . And because the said William lord of Sanct Johnis allegiit that he had payit to the said maister Hew in the naim and of the command of the said Abbot the soume of ij^c ducatis extending in Scottis money be thir compt to iij^c merkis and denyit be the said Abbot that he gaf ony command to deliver the said soume to the said maister Hew . And alse because the said William lord of Sanct Johnis allegiit that he haid payit to the said Abbot and convent threskore of pundis or thareby be assignacioune to certaine landis of the said abbay quhilkis wer assignit to him of before and that the said Abbot tuk payment and contentacioun thairof . The lordis of consall thairfore assignis to the said William lord of Sanct Johnis the said day with continiatioune of dais to pref sufficiently that he payit to the said maister Hew of the said Abbatis command the said ij^c ducatis and alse that he assignit to him the saidis landis for the payment of the said threskore of pundis and that the said Abbot wes emplessit of the said assignacioune and intromettit thairwith . And ordanis thaim to haf lettrez to summond thair witnes and the partiis ar summond apud acta.

CARTA Abbatis et Conuentus de Kynlos super creacione ville de Kynlos in liberum burgum in Baronia, etc. (27th April 1497.)

JACOBUS Dei gracia Rex Scotorum Omnibus probis hominibus suis ad quos presentes litere peruenerint Salutem Sciatis pro singulari deuocione quam habemus ad beatissimam gloriosissimamque virginem mariam patronam monasterij de Kynlos Ac pro singulari fauore quam gerimus erga venerabilem in Christo patrem Willelmum dicti nostri Monasterij modernum abbatem Infeodauimus creauimus et fecimus et hac presenti carta nostra Infeodamus creamus et facimus villam de Kinlos situatam et jacentem ante portas dicti nostri monasterij ex utraque parte torrentis ciusdem infra vicecomitatum nostrum de elgin et fores in liberum burgum in baronia pro perpetuo concessimus eciam ac tenore presentis carte nostre concedimus inhabitantibus dictum burgum et imposterum inhabitaturis plenariam potestatem et liberam facultatem emendi et vendendi in ipso burgo vina ceram pannum laneum et lineum latum et artum aliaque mercimonia quecunque cum potestate et libertate habendi et tenendi pistores brasiatores carnifices et tam carnium quam piscium macellarios aliosque arcium operarios quoscunque ad libertatem burgi in baronia qualitercunque spectantes et pertinentes concessimusque tenore presencium concedimus ut in dicto nostro burgo sint burgenses et quod idem potestatem habeant futuris temporibus cum auisamento abbatis monasterij nostri predicti et religiosorum virorum conuentus ciusdem et suorum successorum balliuos et alios officiarios pro gubernacione ciusdem burgi necessarios elegendi necnon concessimus et hac presenti carta nostra concedimus burgensibus et inhabitantibus dictum burgum ut in ipso habeant teneant et possideant pro perpetuo crucem et forum die dominica singulis ebdomadis et nundinas publicas singulis annis imperpetuum in festis assumpcionis et purificacionis prefate gloriosissime virginis marie et per octauas earundem incipiendas in meridie vigiliarum predictorum festorum cum theoloneis et omnibus libertatibus ad huiusmodi nundinas spectantibus seu iuste spectare valentibus quomodolibet in futurum Tenendam et habendam predictam villam de Kinlos cum bondis et pertinenciis eiusdem perpetuis futuris in merum et liberum burgum in baronia cum supraseriptis priuilegijs libertatibus et concessionibus Ac vniuersis alijs et singulis libertatibus proficuis commoditatibus et asiamentis ac iustis pertinenciis quibuscumque tam non nominatis quam nominatis ad burgum in baronia spectantibus seu iuste spectare valentibus in futurum Adeo libere quiete plenarie integre honorifice bene et pace In omnibus et per omnia sicut aliquis burgus in baronia infra regnum nostrum infeodatur seu tenetur sine reuocacione quacumque Quare vniuersis et singulis quorum interest vel interesse poterit stricte precipimus et inhibemus ne quis in contrarium premissorum aliqualiter deuenire presumat sub omni pena que competere poterit in hac parte In cuius rei testimonium presenti carte nostre magnum sigillum nostrum apponi precepimus Testibus Reuerendo in Christo patre Willelmo episcopo Abirdonensi nostri secreti sigilli custode dilectis consanguineis nostris Archibaldo Comite Angusie domino Douglas cancellario nostro Archibaldo Comite de ergile domino Campbele et lorne magistro hospicij nostri Patricio Comite de boithuill domino halis Alexandro Domino Hume magno camerario nostro Johanne Domino Drummond justiciario nostro Venerabilibus in Christo patribus Georgeo Abbate de Dunfermling, Georgeo Abbate de Pasleto thesaurario nostro Et dilectis clericis nostris Magistris ricardo Murheid decano Glasguensi secretario nostro et Johanne fresale decano de Lestalrig nostrorum rotulorum et registri ac consilij clerico Apud Striueling xxvij^{mo} die mensis Aprilis Anno Domini j^m iiij^c lxxxx septimo et regni nostri nono.

CARTA Confirmacionis et admortizacionis facta abbati et conuentui de Kynlos super pyscarijs aque de fyndern. (28th December 1505.)

JACOBUS Dei gracia Rex Scotorum Omnibus probis hominibus tocius terre sue clericis et laicis salutem Sciatis nos quamdam Cartam donacionis et concessionis factam per quondam nobilissimum nostrum progenitorem Regem Robertum bruse cuius anime propicietur Deus altissimus [Deo] et beate marie ac venerabili in Christo patri et religiosis viris abbati et conuentui monasterij nostri de Kynlos et successoribus suis de tota piscaria aque de fyndern in liberam puram et perpetuam elimosinam de mandato nostro visam lectam inspectam et diligenter examinatam sanam integram non rasam non cancellatam nec in aliqua sui parte suspectam ad plenum intellexisse sub hac forma ROBERTUS Dei gracia Rex Scotorum Omnibus probis hominibus tocius terre sue salutem Sciatis nos diuine caritatis intuitu et pro salute animarum patris nostri matris nostre et fratrum nostrorum et omnium antecessorum et successorum nostrorum dedisse concessisse et hac presenti carta nostra confirmasse Deo et beate marie et abbati et monachis monasterij de Kynlos totam piscariam aque de fyndern Tenendam et habendam eisdem abbati et monachis et eorum successoribus imperpetuum de nobis et heredibus nostris cum omnimodis libertatibus et asiamentis ad dictam piscariam pertinentibus vel in futurum aliquo jure pertinere valentibus in liberam puram et perpetuam elimosinam adeo libere et quiete plenarie et honorifice sicut aliqua alia elimosina in toto regno nostro de nobis tenetur seu possidetur In cuius rei testimonium presenti carte nostre sigillum nostrum fecimus apponi hiis testibus

Malcolmo Comite de Levenax Alexandro de Meigners Willelmo Wysman Walramo de Normanuill militibus Jacobo de Dowglas Alexandro fraser et aliis Datum apud Abirdene Anno Regni nostri quarto QUAMQUIDEM Cartam et donacionem et concessionem in eadem contentas nos pro speciali deuocione quem gerimus erga gloriosissimam virginem mariam patronam dicti nostri monasterij de Kynlos et pro fauoribus quos gerimus erga venerabilem in Christo patrem et deuotos oratores nostros thomam abbatem modernum monasterij nostri antedicti et conuentum eiusdem in omnibus suis punctis et articulis condicionibus et modis ac circumstanciis suis quibuscunque forma pariter et effectu in omnibus et per omnia approbamus ratificamus et pro nobis et successoribus nostris admortizamus et ad manum mortuam vt premissum est pro perpetuo confirmamus Excepta piscaria de le Sloy pule et reseruatis tribus lastis salmonum de piscariis dicte aque nobis et successoribus nostris per dictum abbatem et conuentum annuatim soluendis vnacum oracionum suffragijs deuotarum dictorum abbatis et conuentus et successorum suorum tantum In cuius rei testimonium presenti carte nostre magnum sigillum nostrum apponi precipimus Testibus ut in secunda carta precedente Apud Edinburgh vicesimo octauo die mensis Decembris Anno domini millesimo quingentesimo quinto et regni nostri decimo octauo. [The witnesses to the Charter of Confirmation are :—" Reuerendo in Christo patre Willelmo Abirdonensi episcopo nostri secreti sigilli custode dilectis consanguineis nostris Archibaldo Comite de Ergile domino Campbell et lorn Magistro hospicii nostri patricio Comite de boithuile domino halis etc Matheo Comite de Leuenax domino dernlie Alexandro Domino Hume magno camerario nostro Andrea Domino Gray justiciario nostro venerabili in Christo patre Jacobo abbate de Dunfermling thesaurario nostro et dilecto clerico nostro Magistro Gawino Dunbar Archidiacono Sancti andree nostrorum rotulorum et registri ac consilij clerico," etc.]

Litera Abbatis et Conuentus de Kynlos [data per Jacobum Regem Quartum 9 Dec. 1512.]

JACOBUS Dei gracia Rex Scotorum omnibus probis hominibus suis ad quos presentes litere peruenerint salutem Sciatis quia nobis et nostri consilii dominis clare constat quod abbas et conuentus monasterii nostri de Kinlos per quondam nobilissimum progenitorem nostrum regem Robertum Brus bone memorie cuius anime propicietur Deus infeodantur ab antiquo de tota piscaria aque de Finderne in liberam puram et perpetuam elimosinam prout in carta ipsius sub suo magno sigillo eis desuper confecta plenius continetur cum confirmatione summi pontificis per bullam suam sub plumba desuper confectam vnacum confirmacione quondam nobilissimi progenitoris nostri et proaui Jacobi hoc nomine regis primi sub suo magno sigillo pareformiter desuper confecta coram nobis et consilii nostri dominis diuersis vicibus productis et ostensis Et quod dicti abbas et conuentus et predecessores sui fuerunt in pacifica possessione dicte piscarie vigore prefate infeodacionis vltra memoriam hominum Et licet nos prefatam piscariam per literas in manibus nostris recognosci fecimus propter placitum penes eandem motum inter dictos abbatem et conuentum ab vna ac balliuos et communitatem burgi nostri de Fores partibus ab altera quousque jus ipsius piscarie inter prefatas partes descisum et determinatum fuisset Et finita lite jureque ipsius piscarie per decretum dictorum consilii nostri dominorum prefatis abbati et conuentui tanquam vltimis legitimis possessoribus eiusdem ad plegium dimisimus per ipsos et eorum successores secundum tenorem prefate infeodacionis sue possedendam Et deinde nos ipsam infeodacionem ratificauimus approbauimus et per cartam nostram confirmacionis in maiori forma sub sigillo nostro magno eis desuper confectam Reseruando nobis in eadem nostra carta tres lastas salmonum nobis de dicta piscaria et successoribus nostris per dictos abbatem et conuentum annuatim persoluendas in futurum Et quia nos intelligimus quod neque nos neque aliqui de predecessoribus nostris post prefatum regem Robertum Bruce nunquam habuimus aut clamauimus habuerunt seu clamauerunt aliquod jus in vel ad dictam piscariam nec proficuum vllum eiusdem ante prefate litis mocionem recognicionem et reseruacionem predictas quoquomodo percipimus seu perceperunt Nos pro singulari deuocione quam gerimus erga beatissimam gloriosissimamque virginem Mariam dicti monasterii nostri de Kinlos patronam ac pro speciali fauore quem gerimus erga venerabilem in Christo patrem Thomam ipsius monasterii modernum abbatem Volumus quod ipse abbas aut conuentus eorumve successores in piscaria sua eis in puram et perpetuam elimosinam perprius vt premittitur concessa quoquomodo per prefatam nostram reseruacionem defraudentur aut dampnum paciantur Sed quod eandem habeant et libere possideant secundum tenorem infeodacionis sue antedicte Nos igitur motu proprio et ex certa sciencia omnem consciencie nostre morsum in hoc casu remouere volentes quiete clamauimus et exonerauimus dictis abbati et conuentui eorumque successoribus prefatas tres lastas salmonum que nobis et successoribus de dicta piscaria annuatim vt premittitur persoluende in prefata carta nostra confirmacionis reseruate fuerunt in eisdem pro nobis et successoribus nostris dictis abbati et conuentui eorumque successoribus renunciauimus prout tenore presencium renunciamus pro perpetuo in futurum sine aliquo impedimento obstaculo reuocacione aut contradictione nostri aut successorum nostrorum quorumcunque quouismodo inde faciendis Exonerantes omnes officiarios nostros presentes et futuros de omni intromissione et percepcione dictarum trium lastarum salmonum de dicta piscaria quomodolibet in futurum et de officiis suis in hac parte imperpetuum Mandamus eciam et precipimus scaccarii nostri auditoribus quatenus dictas tres lastas salmonum de scaccarii nostri rotulis extrahant sic quod nulla inde memoria habeatur vigore predicte reseruacionis qualitercumque in futurum In cuius rei testimonium presentibus literis nostris magnum sigillum nostrum apponi precipimus Apud Edinburgh nono die mensis Decembris Anno Domino millesimo quingentesimo duodecimo Et regni nostri vicesimo quinto.

CARTA terrarum de Lethnot concessa Patricio Cheyne de Essilmond. (A.D. 1518.)

OMNIBUS hanc cartam visuris vel audituris. Nos Thomas permissione diuina abbas Monasterij de Kynloss et eiusdem loci conuentus salutem in Domino sempiternam. Noueritis nos cum consensu et assensu nostri Capituli propter presens negotium capitulariter congregati utilitate nostra et successorum nostrorum in hac parte per nos et quemlibet nostrum pensata considerata et matura deliberatione prehabita et pro augmentatione nostri Rentalis annuatim in summam quatuor mercarum usualis monete regni Scocie. Et specialiter pro laboribus et servitiis nobis et monasterio nostro per providum virum Patricium Cheyne de Essilmonth propriis expensis factis dedisse concessisse et ad feodifirmam dimisisse et a presenti carta nostra confirmasse tenoreque ejusdem dare concedere et ad feudifirmam dimittere et pro perpetuo confirmare prefato Patricio Cheyne de Essilmonth et Isobelle Bade sue sponse et eorum alteri diutius viventi in conjuncta infeodatione necnon heredibus eorum masculis de corporibus corundem procreatis seu procreandis omnes et singulas terras nostras de Lethnot cum suis pertinentiis jacentes in parochia de Gamry infra vicecomitatum de Bamf Tenendas et habendas dictas terras cum pertinentiis prefatis Patricio et Isobelle sue sponse et eorum alteri diutius viventi in conjuncta infeodatione et heredibus suis masculis ut premittitur de nobis et successoribus nostris in feodo et hereditate inperpetuum, etc. Reddendo et solvendo inde annuatim dictus Patricius Cheyne et Isobella Bade sponsa sua et heredes eorum ut permittitur nobis et successoribus nostris decem mercas usualis monete Regni Scocie ad duos anni terminos per equales portiones videlicet quinque mercas, etc. In cuius rei testimonium sigillum nostrum commune presentibus est appensum cum sigillo proprio dicti Abbatis una cum nostris subscriptionibus manualibus apud monasterium nostrum antedictum de Kinloss vicesimo nono die mensis Marcij Anno Domini Millesimo quingentesimo decimo octauo coram his testibus Magistro Jacobo Wawane notario publico, Willelmo Bad, Andrea Gardin, Johanne Thane, Roberto Smyth, Thoma Gray et Johanne Archbald cum diuersis alijs Thomas Abbas de Kinloss, manu propria. Ego frater Willelmus Merchand, subscribo. David Aliat. Patricius Wille. Johannes Kelle. Johannes Ricard. David Spens. Andreas Weddell. Johannes Chyld. Patricius ffotheringhame. David Murray. Jacobus Pont. Walterus Hettoun. Johannes Parson. Johannes Smyth. Seruanus Broun. Willelmus Broun, subscribo.

PRECEPTUM Sasine Abbatis de Kinlos in favorem Jacobi Wrchquhard. (1520.)

THOMAS permissione diuina Abbas monasterij de Kinloss et eiusdem loci conuentus dilectis nostris Willelmo Wrchquhard de Shirefmylne Jacobo Tullauch Johanni dunbar burgensibus de fores et ballinis nostris in hac parte coniunctim et diuisim specialiter constitutis Salutem Quia dedimus et concessimus dilecto nostro Jacobo Wrchquhard filio Alexandri Wrchquhard de burris yardis vnam decimam sextam partem siue diem piscacionis aque dulcis de findorn jacentis infra vicecomitatum de forcs in vitalem redditum et pro toto tempore vite sue ut in carta nostra sibi desuper confecta plenius continetur Vobis igitur balliuis nostris predictis mandamus quatenus visis presentibus indilate accedatis ad dictam aquam dulcem de findorn Et ibidem dicto Jacobo uel suo certo attornato latorj presencium sasinam vitalem statumque et possessionem pro toto tempore vite sue de dicta decima sexta parte siue die piscacionum aque dulcis de fyndorn cum pertinenciis per tradicionem de le nett et cobil ut moris est juxta formam carte nostre sibi desuper confecte tradatis et conferatis Reseruato libero tenemento piscacionis huiusmodi cum pertinenciis dicto Alexandro Wrchquhard pro toto tempore vite sue Ad quod faciendum vobis balliuis nostris predictis coniunctim et diuisim tenore presencium comittimus potestatem In cuius rei testimonium sigillum nostrum presentibus est appensum Apud monasterium nostrum de Kinloss vicesimo nono die mensis octobris Anno Domini millesimo quingentesimo vicesimo.

Decreit anent the Merches betwyx Lethnot and Troup. (A.D. 1537.)

TILL al and sundry quhais knawledge this present write sal to cum Mr. Alexander Strathauchine of Thornton Justice Deput and Livetennant to ane nobill and mighty Lord Archbald Erle of Argill Lord Campbell and Lorn greit Justice till our Soveraigne Lord the King's grace oure al his haill realme greeting in God everlasting Witt your universities that in ane Justice court haldin by me the aught day of the month of August the year of God a thousand five hundred thirty and seven yeirs for the servcing of ane Breive of perambulation rasit at the instance of Patrick Cheyne of Essilmonth fewar and proprietar of the lands of Lethnot Robert Abbot

of Kinloss and convent of the same his superiors on the ane part
Gilbert Keith of Troup and ane nobill and mighty Lord William
Earl Marshall his superior on that other part to perambil the
right meiths and marches of the foresaid lands of Lethnot and the
lands of Troup, the Court beand lauchfully affirmit, the Brive
beand duely proclaimit indorsat and the parties lauchfully summonit
to the said day, there was chosen and sworn Robert Innes of
Innermarky John Gordon of Lumgare James Gordon of Culquhodstane George Gordon of Cairnborrow Walter Barkalay of
that ilk Alexander ffraser of Philorth John Duff of Maldeinet
George Baird of Ordinhuff James Gordon of Methlick Thomas
Menzies of Pitfodles Thomas Urquhart of Cromarty Robert
Stewart of Lauthoris Maister Andrew Tullidaff of Ranistoun
Alexander Irvine of Lonney John Allardice of that ilk Robert Allardice of Baddinschot Patrick Barclay of Towie Master James
Barclay of Kynneromsquhy and George Crawfurd of ffetherat to
pass upon ane assys and admittit be the said parties Quhilkis Assiss
the rights of the parties vizt. ane Band and Charter of the saids
lands of Lethnot of the date at Troup 1319 yeirs the twenty-ninth
day of May produced be the said Robert Abbot and there after
reading of the said Band, Patrick and Gilbert on their great aithes,
and other allegations and probations had, seen, and understood,
thairwith ripely avisit compeirit in Judgment, and thair be the mouth
of the said Robert Innes Chancellor, all in ane voice with consent
and assent of baith the said parties pronuncit and deliverit that the
said Patrick and his heirs as fewars to the said Abbot and Convent
and thay as his superiors sal bruik and joice in property frae the
lang furd where the said Patrick begoutht to rid quhilk is the mid-
mest furd of the thrie furds ascendand up the hill of ffindon and to
the north side of the same on to the Cairnslaw callit Clochtyne
alias Teorie Clamchyne and frae thin west to the high gate to the

heid of Pollisdone and in Commonty frae the said gate of the heid of Pollisdone ascendand up the hill of ffindone on to the Law apon the height of the same where there sal be put ane Staincross, and frae than descendand down to the brek of the Moss callit the Crossslacks as it is partit and merchit and frae the said Cross-slaks south to the Todlaw as sal be partit and merchit be the saids parties, swa that it sal be leisum to the said Gilbert and his heirs to laboure and mannure be west the said merches of Cross-slacks and Todlaw with cornes or ony other ways, and it sal not be leisum to the said Gilbert nor his heirs nor successors proprietars of the said Barony of Troup to labour nor mannure the commond mure lying betwixt the Halkden and the Todlaw, and quhair the said Gilbert or his aires makes ony corn lands within the said boundis nocht excepit or within the said Barony of Troup where it is now common pasture to the said Patrick and his tenants it sal be leisum to the said Patrick his heirs and tenants of Lethnot to eit the girss of the said corn land the yeir it beirs corn frae Allhallowday furth in Commonty and sicklike all tyme when it lyes ley as thay do now and the said Patrick his ayris and tennents and the said Gilbert his heirs and tennents sal cast fewell at their pleasure ony part of the said hill of ffindon outwith the said Patrick's property and outwith the said Gilbert and his tennents Commonty landis and sicklike in the commond mure or ony other place within the said Barony of Troup conform to the said Abbot's infeftment of Lethnot and Brakakis and dome of Court given herupon be the mouth of Alexander Duncansone Dempster and ordanit to be put in publick forme, under myne and a part of the said Assiss seills, and act and instrument taken therapon, supra quibus omnibus et singulis dictus Patricius Cheyne et Gilbertus Keith a nobis notariis subscriptis hinc inde ciis fieri petierunt unum vel plura publicum seu publica instrumentum aut instrumenta Acta erant hec omnia apud dictas terras debatabiles inter predictas partes hora quarta post meridiem aut eo circa sub anno die mense quibus supra indictione decima pontificatus sanctissimi in Christo Patris ac domini nostri Domini Pauli diuina providentia pape tertij anno tertio presentibus ibidem assise prenominatis cum multis diversis aliis testibus ad premissa vocatis pariter et rogatis.

Nota Notaij.—Et ego vero Patricius Duncani clericus Abredonensis diocesis publicus auctoritate apostolica notarius Quia premissis, etc.

Nota Notaij.—Et ego vero Dominus Thomas Cristisone clericus Abredonensis diocesis publicus auctoritate apostolica notarius Quia, etc.

CARTA Abbatis de Kinlos in favorem Alexandri Ogilwy de Finlater, super quibusdam terris inter eos debatabilibus. (28th November 1537.)

OMNIBUS hanc cartam visuris vel audituris Robertus permissione diuina abbas monasterij de Kinlos ac eiusdem loci conuentus Salutem in domino sempiternam Lite et controversia inter nos ab vna et honorabilem virum Alexandrum Ogilwy de eodem et de Finlater ab altera de et super quibusdam terris debatabilibus inter nos et terras nostras de Strathilay et dictum Alexandrum et terras suas de Deskfurd jacentes infra vicecomitatum de Banff per breue perambulacionis supremi domini nostri regis suborta et pendente indecisa ad extinguendum huiusmodi litem concordatum erat inter nos quod idem Alexander consentiret processui huiusmodi breuis perambulacionis Et quod nobiles viri domini super assisa jurati in eorum conscientiis deliberarent et sententiarent in huiusmodi lite et controuersia pro nobis et dicto nostro monasterio Et decernerent proprietatem huiusmodi terrarum debatabilium nobis et successoribus nostris pertinere secundum formam carte nostre limitacionis huiusmodi terrarum per quondam illustrissimum regem Willelmum nobis desuper facte Et idem Alexander jure suo si quod habuit ad easdem renunciaret Quapropter juxta et secundum formam dicte concordie inter nos tunc celebrate Noueritis nos capitulariter congregatos vtilitate et comodo dicti nostri monasterij vndique pensata et preuisa propterea dedisse concessisse et ad feodifirmam dimisisse necnon dare concedere et ad feodifirmam dimittere et hac presenti carta nostra confirmare dicto Alexandro Ogilwy domino de Finlater et suis heredibus et assignatis quibuscumque totas et integras dictas terras olim debatabiles Incipiendo a limite in magna carta nostra vocata Badnagyr in magno monte ex boriali parte de Wester Skeitht Et descendendo per torrentem de Badnagyr recte versus Estirskeith ad torrentem de Deskfurd et ascendendo torrentem de Deskfurd eque versus montem de Tullicurran Et ascendendo dictum montem versus merediem ad limitem in dicta magna carta nostra vocatum Achindathin in summitate dicti montis nuncupatum wlgariter le temple stanis Et ab hinc transeundo marresiam et ascendendo ad alium limitem in carta nostra nuncupatum Pollintarf wlgariter le bull pottis Et sic ad alium limitem in dicta magna carta nostra vocatum Clargynloy recte versus fontem de Tubernaneam ab oriente Et ab occidente incipiendo a lapidibus impositis ab occidentali parte congerei lapidum nuncupate Baddacarne et sic descendendo per lapides et marresiam versus merediem vsque ad lapidem nuncupatum Clachnatreith et sic ascendendo ad montem vt signatur per lapides cum suis pertinenciis jacentes infra baroniam et regalitatem de Strathilay ac viccecomitatum de Baunf Tenendas et habendas dictas terras olim debatabiles nuncupandas in futurum terras nostre domine de Kinlos dictis Alexandro Ogilwy domino de

T

Finlater suis heredibus et assignatis de nobis et successoribus nostris in feodifirma et hereditate in perpetuum per omnes rectas metas suas antiquas et diuisas prout jacent in longitudine et latitudine cum domibus et edificijs in viis semitis aquis siluis nemoribus et virgultis pratis pascuis et pasturis boscis planis moris maresijs petarijs turbarijs carbonarijs et lapicidijs lapide et calce fabrilibus bruerijs brasinis et genistis aucupacionibus venacionibus et piscacionibus molendinis multuris et eorum sequelis cum curijs et earum exitibus bludwitis herezeldis et mulierum merchetis et escheta furti hominum degentium super dictas terras cum contigerit necnon communi pastura cum libero introitu et exitu ac etiam cum potestate colendi et lucrari faciendi nouas terras infra limites superius specificatas necnon cum omnibus et singulis libertatibus commoditatibus proficuis asiamentis ac justis suis pertinencijs quibuscunque tam non nominatis quam nominatis tam subtus terra quam supra terram tam procul quam prope ad dictas terras cum pertinencijs spectantibus seu iuste spectare valentibus quomodolibet in futurum libere quiete plenarie honorifice bene et in pace sine aliquo retinemento reuocacione aut obstaculo aliquali Reddendo inde annuatim dictus Alexander sui heredes et assignati nobis et successoribus nostris summam trium librarum sex solidorum et octo denariorum vsualis monete regni Scocie ad duos anni terminos festa videlicet penthicostes et sancti Martini in hieme per equales portiones nomine feodifirme vnacum duplicacione dicte feodifirme in introitu cuiuslibet heredis tantum pro omni olio onere questione exactione seu demanda que de dictis terris cum suis pertinencijs per quoscunque exigi poterunt seu aliqualiter demandari Volumus autem quod saisina capienda per dictos Alexandrum suos heredes et assignatos apud villam de Clachmatreith erit sufficiens pro omnibus huiusmodi terris omnibus temporibus futuris Et nos vero Robertus abbas et conuentus pro nobis et successoribus nostris omnes et singulas terras olim debatabiles superius specificatas nunc vero nominatas Our Lady landis of Kinlos dictis Alexandro suis heredibus et assignatis forma pariter et effectu vt premissum est contra omnes mortales varantizabimus et quietabimus et in perpetuum defendemus : In cuius rei testimonium sigillum nostrum proprium necnon sigillum commune dicti capituli nostri vnacum nostris manualibus subscriptionibus presentibus sunt appensa Apud dictum monasterium de Kinlos decimo octauo die mensis Novembris Anno Domini millesimo quingentesimo trigesimo septimo.

Ego frater Willelmus Brown sub-
scribo.
Ego frater Ricardus Sandis sub-
scribo.
Ego frater Jacobus Portar.
Ego frater Gulielmus Forsytht.
Ego Wilelmus Lyell.
Ego frater Adam Ryddell.
Ego frater Thomas Browne sub-
scribo.
Ego frater Jacobus Burt subscribo.
Ego frater Adamus Elder.
Ego frater Joannes Cameroun.

Robertus Abbas Kinlos.
frater Dauid Spens.
frater Andreas Weddell.
Ego frater Jacobus Pont.
Ego frater Johannes Chyld sub-
scribo.
Ego frater Walterus subscribo.
Ego Robertus Cummyng subscribo
Ego frater Johannes Smyth sub-
scribo.
Ego frater Seruanus Browne.
Ego Archibaldus Braidwod sub-
scribo.

LETTERIS of Bailyeary of Lethnocht and Ellone.
(A.D. 1559.)

BE it kend till all men be thir present Letters We Walter Abbat of Kynloss to have made constitute and ordain'd and be the tenor hereof makes constitutes and ordains honorable men Patrick Cheyne of Essilmonth Knight Thomas Cheyne his son and appearand heir and their heirs conjunctly and severally our verry

CARTE ABBACIE DE KINLOS.

lauchfull and undoutit Baillies of all and haill our lands of our Regality of Lethnocht and Ellone with their pertinents giffand grantand and committand to our said Baillies and ilk ane of thame and to their heirs our verry lauchfull and undoutit power express mandament bidding and charge Baillie Courts within the said lands and Regality to proclaim sett affix and hauld at day and days as they sal please members of Court to creat make and cause be sworn faltis and crimes to punish also escheats and outlays to uptake and inbring the men dwallars and inhabitors within our lands Regalities or ony pairt thereof before whatsomever Juge or Juges convenient arreistit or purswit spirituall or temporall to our said Court of Regalities the same to replage collorage to find and generally all and sundry other things our said Baillies their heirs or ony ane of their leetis in the premisses to hant do wiss and exerce that to the office of Bailliary perteins or lauchfully may pertein be the law wss or consuetude of the Realme haildand and to haild firme and stabill all and whatsumever things our saids Baillies their ayris or any ane of their Leetis in the premisses to be done under the pain of all our goods movable and immovable present and to cume in witnes of the whilk to thir our Literis of Bailziaries subscrivit with our hand our signet is affixt att Kinloss the seventein day of Junii the yeir of God ane thousand five hundred fifty and nine yeirs and thir Letters of Bailliary till indure for the space of five years next efter the date herof and further induring our wills and our successors Before thir witnesses Thome ffarrett of that ilk Alexander Bannerman of Wattertoun, Mr Edward Bruce of Easter Kennet Mr Thomas Denastoun with others sundrie.

WALTER Abbot of Kinloss.

Precept on Assedation by Walter, Abbot of Kinlos, in favour of Andrew Pattoun and Agnes Langmuir. (A.D. 1559.)

BE it kend till all men be thir present letres Ws Walter abbot and conuent of Kinlos To our louittis Alexander Jamesoun oure ballies in that part coniunctlie and seueralie specialie constitute greting. Forsamekill as we with avyis consent and assent of the said convent being chepdurlie gaderit and ryeplie advysit heirvpoun hes sett and lettin ane assedacioun to our weilbeluffittis seruitour androw pattoun and augnes Langmuir his spous and to the langest levar of thame tua thair aires maile and to thair cotteris and slotenmentis all and haill the sex oxingang landis of burroleyis quhilkis now the said Androw and Augnes his spous ocupiis togidder with the new landis callit the Corbe Craig, for all the dais termes and space of nyntene yeiris as at mair leyuth is contenit in his assedacioun. Oure will is heirfor and we chairg [you] or ony ane of you coniunctlie and seueralie our ballies forsaid to pas to the said sex oxingang landis of burrowleyis togiddir with the new landis callit the Corbe Craig and ther gif him stait and possessioun be thak and raip as wse is. The quhilk to do we committ to you or ony ane of you coniunctlie and seueralie our ballies forsaid our full power be this our precept subscrivit with our handis and our commoun sele effixt therto. At Kinlos the first day of October the yeir of God 1$^{m.}$ v$^{c.}$ and fifty nyne yeiris. Befoir thir witnes, Thomas Innes, Mr. eduard bruc, thomas Leslie, Schir Jhone Andersone with utheris dyuers.

WALTERUS Abbas a Kinloss.

Ego frater Johannes philp subscribo.
Ego frater Alexander baid subscribo.

CARTE ABBACIE DE KINLOS.

 Ego frater Jacobus Kynpont subscribo etc.
 Ego frater Walterus Hetton subscribo.
 Ego frater Wilelmus brown subscribo.
 Ego frater Ricardus Sandis subscribo.
 Ego frater guillermus forsyth subscribo.
 Ego frater wilelmus lyell.
 Ego frater Adamus riddell subscribo.
 Ego frater archibaldus bradwod subscribo.
 Ego frater Thomas brown subscribo.
 Ego frater Jacobus burt subscribo.
 Ego frater adamus eldar subscribo.

PRECEPTUM Sasine Abbatis de Kinlos super terras de Struderis in favorem Domini Joannis Anderson et ejus Sponse. (A.D. 1565.)

WALTERUS abbas de Kinlois et eiusdem loci conuentus cisterciensis ordinis morauiensis diocesis dilectis nostris Georgio fowlis nostris in hac parte ballinis tenore presencium coniunctim et diuisim specialiter constitutis Salutem Quia alias per nostram cartam feudifirme et emphiteosis dedimus concessimus arrendauimus locauimus et ad feudifirmam emphiteosim et hereditatem perpetuam dimisimus omnes et singulas terras nostras de Struderis villam eiusdem vnacum illa petia terre de nouo culta et occupata per robertum terras et thomam Smyth alias Cow tenentes seu occupatores eiusdem tanquam partem et pertinentem dictarum ville et terrarum de Struderis cum suis partibus pendiculis lie out scittis et pertinenciis earundem vniuersis jacentes infra baroniam de Kinlois regalitatem eiusdem et vicecomitatum de Elgin et forres dilecto nostro Domino Joanni Andersone et Jonete Gibsone eius sponse et corum alteri diucius

viuenti in coniuncta infeodacione heredibusque suis masculis inter
ipsos legitime procreatis seu procreandis quibus deficientibus
Willelmo Andersone fratri germano dicti domini Joannis suisque
heredibus masculis de corpore suo legitime procreatis seu procreandis quibus deficientibus veris legitimis et propinquioribus heredibus masculis dicti domini Joannis quibuscunque arma et cognomen
de Andersone gerentibus et portantibus Quequidem villa et terre de
Strudoris vnacum illa pecia terre sic vt premittitur de nouo culta et
occupata cum suis partibus pendiculis et ceteris suis pertinenciis fuerunt prius dicti domini Joannis et quas idem Dominus Joannes in manibus nostris tanquam in manibus sui domini superioris earundem in
fauorem ipsius domini Joannis et dicte Jonete sue sponse et corum
alterius diucius viuentis in coniuncta infeudatione heredumque suorum
prescriptorum quibus deficientibus in fauorem dicti Willelmi suorum
heredum prescriptorum quibus deficientibus in fauorem dictorum
verorum legitimorum et propinquiorum heredum masculorum dicti
domini Joannis arma et cognomen de Andersone gerentium et
portantium per fustum et baculum sursum reddidit et vt moris est
pure et simpliciter resignauit prout in carta nostra sibi desuper
confecto plenius continetur Vobis igitur et vestrum cuilibet coniunctim et diuisim nostris in hac parte balliuis antedictis precipimus et
mandamus quatenus visis presentibus statim et indilate accedatis
seu alter vestrum accedat ad dictas villam et terras de Strudoris
vnacum illa pecia terre de nouo culta sic vt premittitur occupata
cum suis partibus pendiculis lie outscittis et ceteris suis pertinenciis
vniuersis sic vt premittitur jacentes et ibidem super solo carundem
statum saisinam hereditariam realem actualem et corporalem possessionem omnium et singularum predictarum ville et terrarum de
Strudoris cum illa pecia terre vt premittitur de nouo culta et occupata
cum suis partibus pendiculis lie outscittis et ceteris suis pertinenciis
vniuersis prefatis domino Joanni et Jonete Gibsone eius sponse et

corum alteri diucius viuenti in coniuncta infeudacione heredibusque suis masculis prescriptis vel eorum certo actornato aut procuratori legitimo latori presencium per terre et lapidis tradicionem vt moris est secundum tenorem carte nostre quam de nobis inde habent juste haberi faciatis tradatis et delibcretis seu alter vestrum iuste haberi faciat tradat et deliberet et hoc nullo modo omittatis ad quod faciendum vobis et vestrum cuilibet coniunctim et diuisim nostris in hac parte balliuis antedictis nostram plenariam tenore presencium committimus potestatem In cuius Rei testimonium sigillum nostrum commune vnacum nostris subscriptionibus manualibus presenti nostro precepto est appensum Apud monasterium nostrum de Kinlois decimo die mensis Aprilis Anno Domini millesimo quingentesimo sexagesimo quinto Coram hiis testibus Archibaldo reid Dauido browin Joanne paradise Henrico pantoun Jacobo bruis et Dauid Strawtechyne seruitoribus dicti abbatis cum diuersis aliis.

W. Abbas a Kinloss.

Ego Willelmus Brown subscribo.
Ego gulielmus forsyth suberibo.
Ego Thomas Haisty subscribo.
Ego Thomas Brown subscribo.
Ego Ricardus Sandis subscribo.

Ego archebaldus bradwod subscribo.
Ego Jacobus hurt subscribo.
Ego Adamus Elder subscribo.
Ego Alexander baid subscribo.

THE HAILL RENTALL of the Abbay of Kynlos in all Maillis, Teindis, Kirkis, and Dewties, as eftir followis. [A.D. 1574.]

IN the first, the personage and the Kirk of Allane, extendis in teind siluer, and gewis zeirlie, j^c xxxv li. v s. Item, the samyn kirk gewis in victuall zeirlie, all meill xxxiij ch. j b.

The Baronie of Straithylay.

Item, the mains and landis of Straithylay, with tour, fortalice, and orchard of the samyn, The Clerk Sett, Boglugy, Thornetoun, Hauches, Murifald, Brakhall, Carinhillis, Craigleithe, Auchindauery, Ouir Mylne, Nethir Mylne, and mylne landis of the samyn, sett for j^c xxj li. xv s̃. j d.

Item, the landis underwrittin, viz. the landis of Millegin, Garwotwod, Eister Cranokis, Newland thairof, Wester Cranokis, Eister Croylettis, Wester Croylettis, Ethres, the half landis of Ballnamene, Fortrie, Newland of Fortrie, the ouer sett and nether sett of Kilmanitie, the landis of the Clerk saitt of the west syde of the burne, the landis of the xix oxingange of the Knok, sett for j^c lxij li. iiij s̃.

Item, the remanent of the Knok, extending to xiij oxingange, set to the tennentis for yeirlie payment of xij li. xviij d., iij bollis, iij firlotis, custume meill; iij bollis, iij firlotis, custume aittis; iij wedderis, iij quarteris wedder, viij caponis.

Item, the landis of Auchinhovis, with the pendicles, Glengarock and Mengreowis, sett for lxxiij li. v s̃. ij d.

Item, the landis of the hauches of Kilmyntutie sett for v merkis. vi s̃. viij d., tua firlotis custum meill, and ane boll of custume aittis, ane wedder, ane guis, thrie caponis, and thrie pultrie.

The landis of Kelliesmouth, Toirmoir, and Nether Kylmanedy, sett for xxxviij li. xviij s̃.

The landis of Pethnik, sett for vij li. xj s̃., viij caponis, xvj pultrie, and twa geis.

Item the landis of Edingeith, with the pendicles, sett for xix li.

156   CARTE ABBACIE DE KINLOS.

vij s. viij d., xj s. ryne marte silver, ij geis, viij caponis, xvj pultrie.

The landis of Over and Nether Cantlie, sett for viij li. xi s., ij bollis of custume meill, ij bollis custume aittis, ij wedderis, viij caponis, xvj pultrie, xi s. ryne marte silver.

Item, the landis of Fluris, and the landis of the auld toun of Ballamene, sett for yeirlie payment of ix li. ix s. v d., ij firlotis custume meill, ij firlotis custume aittis, half ane weddir, xiij geiss, iij caponis, iij pultrie, ij s. ix d. in ryne mart silver.

Item, the landis of Windhillis, callit the Sauchy toun, sett for the yeirlie payment of vij li. xiiij s. viij d., v s. vj d. in ryne marte silver, ij bollis custume meill, ij bollis custume aittis, ij wedderis, xij geiss, xij caponis, xij pultrie.

Item, the landis of Ouer Hauchis of Kelleismouth, sett for the yeirlie payment of iiij li. xx d., ij bollis meill, ij bollis aittis, j wedder, j guis, iij caponis, vj pultrie.

Item, the landis of Lynnache, sett for payment of vj li. xiij s. iiij d.

Item, the Newlands of Millegin, callit Jonettis Scheill, with Straibknow, sett for the zeirlie payment of xx s.

Item, the Lady land, sett for yeirlie payment of iij li. vj s. viij d.

THE KIRK OF AWACH.

Item, the personage of the said kirk payis in victuall yeirlie ix^{xx}x b. ij fir. beir. Item, in teind silver, with the landis and mains thairof, xxij li. Item, twenty tua wedderis, quhilkis of auld ar assignit to the tennentis, and payis for the pece of cuerilk ane thairof iij s̃. Summa iij li. vj s̃.

THE BARONIE OF KINLOSS.

Item, the landis of Kilboyok, set for the yeirlie payment of vij li. siluer, x b. beir, iij bollis meill dry multure, x geiss, iij dz. pultrie, xxiiij s̃. ryne marte silver.

Item, the landis of Langeoit, set for the yeirlie payment of vj li. xiij s̃. iiij d.

Item, the lands of Tannoquhy, sett for yeirlie payment of ix li. xvij s̃. iiij d., xix b. victuall.

Item, the landis of Struywis, set for the yeirlie payment of iij li. ix s̃. vij d.

Item, the landis callit the Ordeyis, set for yeirlie payment of xxj s̃.

Item, the annuellis of Forres payes yeirlie xl s̃.

Item, the feu landis of Elgin payis yeirlie xxxiij s̃. iiij d.

Item, the feu landis of Narne payis yeirlie xxvj s̃. viij d.

Item, the annuellis of Inuernes payis yeirlie xxxij s̃.

Item, the fresche water of Findorne, set to the communitie of Forres for the yeirlie payment of x li.

Item, the fischeinge callit the Ewinstell—viz. the ferd parte thairof, and ane xvj day of the fresche watir of Findorne—set yeirlie for viij li. ij s̃.

Item,   day of the fisching of the fresche wattir of

Findorne, sett yeirlie for the payment of xxvij li. x s̃. payit be Alexander Urquhart, burges of Forres.

Item, the Shirreff Stell, set for the yeirlie payment of v li. x s̃.

Item, the remanent landis of the said Baronie, with the mains and woddis thairof, and the remanent fischeingis of the yardis and stellis upoun the watter of Findorne and mouth thairof, and odmaill of the said town, sett for the yeirlie payment of iiij^c xiiij li. ix s̃.

And sua the haill Abbacy of Kinlos extendis yeirlie in silver, victuall, aittis, wedderis, geiss, caponis and pultrie, as efter followis, viz. :—

Summa of the haill sylver, j^m j^c lij li. xij d. ob.

Summa of the haill victuall, xlvij ch. xj b. j fir. iij p. beir and mele as said is.

Summa of the haill aittis, x b. iij fir. aittis.

Summa of Geiss xlj.

Summa of caponis, lx caponis.

Summa of Pultrie vj^{xx} iiij pultrie.

Summa of Wedderis, xxxiiij wedderis j quarter.

Thir ar the thingis that ar to be deducit of the money and victuallis abone specifiet, payit as eftir followis.

Imprimis to the Baillie of Kinloss for his fie xiiij li. vj. s̃. viij d.

Item, to the Baillie of Straithylay for his fie x li.

Item, of the Chapel croft of Vdnie, quilk is ane parte of the

Kirk of Allane abone specifiet, the Lard of Vdnie refusis, lik as he has refusit this mony yeiris bygane, of the teind silver of the said croft, quhilk is put in the rentale of the auld, extending yeirlie to xvj li.

Item, to the officiar of Kinloss, for his fie, quhilk he hes in lyfrent of auld fra the Abbot and conwent thairof, xxvj s̄. viij d.

Item, to the officiar of Straythylay for his fie, xl s̄.

Item, to Mr. Johnne Ferrarius for his pensioun, quhilk he hes under the commoun seill of the place for his lyftime, yeirly xl li.

Item, the Lordis of the saitt contributioun yeirlie xviij li. iiij s̄.

Item, to the stallar of the Kirk cathederall of Ross, quhilk stallar is for the personage of Awache, vj li. xiij s̄. iiij d.

Item, for the Prebendar and stallaris pensioun within the Kirk cathederall of Abirdene, for the Kirk of Allane, xxviij li.

Item, to the Vicar pensionar of Allane for his yeirlie pensioun as his provisioun beiris xiij li. vj s̄. viij d.

Item, to the Reidar of the commoun prayeris in the Kirk of Allane, xxvj li. xiij s̄. iiij d.

Item, thair is to be deducit of the said soume of silver for xiiij monkis habit silver, ilk monk haiffand 1 s̄. be yeir, quhilk extendis to xxxv li.

Item, for thair fische and flesche be yeir, ilk ane of the said xiiij monkis haiffand viij d. in the day for thair flesche, and ij d. in the day for thair fische, extending in the haill to lxxxxiij li.

Item, for thair fyir, buttir, candill, spice, and lentrum meitt, xij li.

Item, the annuellis of Innernes, afoir specifiet, quhilkis ar nocht payit, as appeiris befor in this Rentall, becaus the provest and baillies of Innernes hes maid actis in thair bukis that annuellis be nocht payit concerning kirkmen, xxxii s̃.

Item, in lyk manner the annuellis of Forres, xl s̃.

Summa of the annuellis nocht payit, with the uther soumes given furth, and the uther soumes to be deducit, as is abone specifiet, extendis to iij^c xix li. ij s̃. viij d.

Et sic restat, frie the Abbotis part, viij^c xxxii li. xviij s̃. iiij d. ob.

Item, thair is to be deducit to the said xiiij monkis for bread and drynk, ilk ane of thame haifland in the yeir, xix ƀ. i fir. ij pecs, extending in the haill to xvj ch. xv b. i fir.

Item, to be deducit for the officiar of Kinlos, bread and drink during his lyftyme, haifland in the moneth i ƀ. extending in the yeir to xiij ƀ.

Item, in the Lard of Vdnies handis for his landis of Chapeltoun quhilk no payment is maid of, iiij ƀ.

Summa of the victuallis deducit, as is abouewritten, extendis to xviij ch. i fir. victuall.

And sua restis to the Abbot, xxix ch. xi b. iij p^c victuall, and x b. aittis, iij fir. xxxiiij wedderis, i quarter wedder, xlj geiss, lx caponis, vj^{xx}iiij pultrie.

Memorandum, that the vicarage of Allane wes wont to pay to me teynd buttir, teind cheise, teind lambis, woll, and utheris dewities, quhilk payis nathing in thir dayis.

Sic Subscribitur   W. Abbot of Kinloss.

ABBACY OF KINLOSS.

In Money	. . .	j^m l^c lij^{li} xij$^{d.}$
Third therof	. . . .	iij^c iiij^{xx} iiij^{li} iiij$^{d.}$
Victuall	. . . .	xlviij^{ch} xiiij^{bs} i fr. iij pectis.
Third therof	. . . .	xv^{ch} xv^{bs} i fr. iij p^{tts} half and 3 p^t thereof.
Aittis	. . . . .	xij^b i fr.
Third thairof	. . . .	iiij^{bs} 1 pect 3 part of ane pectt.
Geis	. . . . .	xli geis.
Third therof	. . . .	xiij geis half guis 3 part of half guis.
Caponis	. . . .	lx caponis.
Third therof	. . . .	xx caponis.
Pultric	. . . .	vj^{xx} iiij pultric.
Third therof	. . . .	xli and the 3 part of ane pultric.
Wedderis	. . . .	xxxiiij j quarter.
Third therof	. . . .	xj wedderis 3 part wedder and 3 of ane quarter.
Thrid of the money		iij^c lxxxiiij^{li} iiij$^{d.}$

TAK.

The landis, manis, wodis, fischeingis of the baronie of Kinlos quhilkis ar in the abbotis handis, wnsett for iiij^c xiiij^{li} xi^s.

And giff in agane, xxx^{li} x^s viij^d eque.

Victuals, thrid pairt thairof, xv^{ch} xv^{bs} j fr. iij p^{tts} half p^{tt} 3 thairof.

TAK.

The Kirk of Awache for xj^{ch} xiiij^{bs} ij frs.

The Kirk of Ellon tane be Pitarro for this hail rentall.

And iiij^{ch} iij frs. iij p^{tts} half p^{tt} and thrid part half p^{tt} out of the Kirk of Ellem et eque.

Third of aittis iiij^b 1 pect 3 part pect.

CARTE ABBACIE DE KINLOS.

Tak.

Out of the Knok iiij^{bs} iij frs., and out of the same thre wedderis, and the rest out of the Hauches of Killiesmouth, and out of the same a wedder.

Out of Pethnik, ij geis, xvj pultric, viij caponis.

Out of Edingeith, viij caponis, and xvj pultric.

Ower and Nether Cantlie, ij wedderis, iiij caponis, and ten pultric.

Ower Kilmenedy, ij wedderis.

Windehillis, called Sauchquhytoun, ij wedderis, xij geis, 1 fr., 1 pect, 3 part pect aittis.

Illuris, half a wedder.

Ower hauches of Killiesmouth, 1 wedder.

eque for aittis, wodderis, caponis, pultric, and geis.

Bewlie.

Third of money, xlv^{li} xij 1^{d} 3$^{d.}$

Tak.

This thrid of the baronie of Bewlie, geivand be the rentall, lxj$^{li.}$

Gif in . . . . xv^{li} viij^{s} x^{d} 3 p$^{t\ d}$ eque.

Murray.

Third of victuall, iij^{ch} xi^{bs} ij frs., ij pects half pect 3 thairof.

Tak.

The baronie of Bewlie, for iiij$^{ch.}$

Tak the rest of the twa mylnis of Bewlie, et sic eque.

Aittis, martis, muttoun, pultrie, and wodderis, ar gewin in in generall, thairfoir gar seik thame out.

Third of Salmond, x barrellis.

OUT OF THE FISCHEING OF BEWLIE.

Remember my lord comptrollare to speir the rentall of thir twa Kinlos and Bewlie better, for thay ar suspitious anent the fischeingis.

INDEX TO PREFACE.

Abbots, earlier, of Kinloss, notices of, xxxix.
Aberdeen, school of the Blackfriars at, xlvii.
Adam of Terras, abbot of Kinloss, notice of, xl.
Adamson, John, Dominican at Aberdeen, a famous scholastic, xlvii.
Alexander II., his gifts to Kinloss, xii.
Andrew, prior of Newbottle, lxxv; abbot of Kinloss, ib.
Ascelinus, first abbot of Kinloss, lxxiv.
Auchindachin, or "Temple Stanis," a boundary of land, xxxvi.
Avoch, church of, repaired, xlvi.

Bairhum, Andrew, a celebrated painter, brought to Kinloss, lii.
Balloch granted to the abbey by Duncan Earl of Fife, xii.
Bannerman, Alexander, of Waterton, lawsuit between him and the abbot, xliv.
Beaton, Cardinal David, xxii.
Beauly, abbey of, held in commendam by the abbot of Kinloss, xlix; nave of, built, l; bell-tower restored, ib.; prior-house built, ib.
Beauly, priory lands alienated by Abbot Walter, lxiv.
Bembo, Cardinal, lv.
Beton, James, archbishop of Glasgow, xxiii.
Blair, William, abbot of Kinloss, notice of, xl.
Boece, Arthur, learned in canon law, xxi.
Boece, Hector, principal of King's College at Aberdeen, celebrated for his learning, xxi; attends the abbot of Kinloss on his deathbed, xlviii.
Brichan, Mr. James, his explanation of the boundaries of Burgie, xxvii.

Brodie, Alexander, of Lethen, lix.
Brodie, Alexander, of Lethen, acquires Kinloss, lviii.
Bruce, Edward, parson of Torie, lvi.; gets the abbey of Kinloss, ib.; commissary of Edinburgh, lvii.; Lord Bruce of Kinloss, lviii.
Bruntkirk, vicar of, xlix.
Burgie, Meikle, conveyed to Alexander Dunbar, dean of Murray, lxii.
Burgie, perambulation of lands of, xxvi.
Burgie, tower of, lxii; sculptured stones at, lxiii.

Cistercians brought from Melrose to Kinloss, ix.
Cockburn, John, of Ormiston, lvii.
Collace, Margaret, daughter of the laird of Balnamoon, lvi; wife of abbot Walter Reid, lvi.
Crystall, Thomas, abbot of Kinloss, life of, xliii-xlvii.; his death at Strathisla, xlviii.
Culross Abbey becomes lax, xlvii.
Culross, William, abbot of Kinloss, notices of, xlii.
Cumming, John, of Ernshede, dispute between him and the abbot, xliv.

David I., founder of the abbey of Kinloss, ix; his gifts to it, xi.
Deer Abbey grows remiss in its rules, xlvii.
Dunbar, Alexander, dean of Murray, a Lord of Session, lxi; notice of him, ib.; his sons, lxii.
Dunbar, Sir Alexander, of Westfield, pursued for plundering the abbey of Kinloss, lxxiii.
Dunbar, Robert, son of the dean of Murray, gets the lands of Burgie, lxii.

INDEX TO PREFACE.

Edward I., his visit to Kinloss, lxxii.
Edward III., his visit to Kinloss, lxxii.
Elder, Adam, monk of Kinloss, lxiv, lxviii; his Chapter discourses, lxix (App. to Pref., No. III.)
Eliot, David, monk of Kinloss, a writer of manuscripts, xlii; commits homicide, *ib.*; goes to Rome, *ib.*
Ellem, John, abbot of Kinloss, notice of, xli.
Ellon, church of, repaired, xlvi; altar-piece for, *ib.*

Ferrerius, John, a Piedmontese, notices of, xiii; books on which he lectured, xv; his dispute with Adam Elder, monk of Kinloss, xv; his notices of Scottish scholars, xvii, xix; his history of the Gordons, xxii; his Supplement to the History of Scotland by Boece, xxiii; his attempts to get records for his notices of the abbots, xxxix.
Fishings on Findhorn granted by King Robert Bruce, xiii; confirmed by James IV., xxxvi.
Flutere, Sir John, abbot of Kinloss, notice of, xl.
Forbes, William, first bishop of Edinburgh, liv.
Foulis, James, a poet, xx.
Fresco painting in churches, common in Scotland, lii.

Galbraith, William, abbot of Kinloss, notices of, xlii.
Gartly, vicar of, xlix.
Gernadius, St., his hermitage, ix.
Glenluce, abbot of, celebrated for his learning, xx.
Gordon, Agnes, wife of the laird of Finlater, xliv.
Gordon, Mr. William, secretary to the earl of Huntly, xxii.
Gordon, William, bishop of Aberdeen, lv.
Gray, Robert, a doctor at Aberdeen, xx.
Guthry, James, abbot of Kinloss, notice of, xli.

Hay, William, professor at Aberdeen, xx; his learning in divinity, xxi.
Herbertus, abbot of Kinloss, lxxv.
Hethon, Walter, monk of Kinloss, sent to the Dominican school at Aberdeen, xlvii.

Holy Rood, chapel of, at Kinloss, lii.
Huntly, Alexander, earl of, lawsuit between him and the abbot, xliv.
Huntly, George, earl of, xxii.

James IV., his precept about fishings on Findhorn, xxxvii.

Kinloss abbey, legend as to its foundation, x.
Kirkcaldy, vicar of, xlix.
Kirkwall, St. Olaus' church at, liii.

Lawsuits between the abbot and his neighbours, xliii; with Alexander Bannerman of Waterton, xliv; with Alexander Earl of Huntly, *ib.*; with the abbot of Deer, xlv; with the earl of Moray, *ib.*
Leslie, John, official of Aberdeen, lv; bishop of Ross, *ib.*
Library at Kinloss, founded by Abbot Robert Reid, xlvi; books in, xlvii, l.
Lindsay, Walter, knight of Rhodes, a man of learning, xx.

Magdalene, the chapel of, at Kinloss, lii.
Malith, meaning of, xxvii, xxix.
Marschell, Richard, abbot of Culros, deposed, xli.
Maxwell, Robert, bishop of Orkney, l.
Mitre, a, adorned with gems and pearls, xlvi.
Moray, the country and old inhabitants of, ix; ecclesiastical history of, *ib.*
Moray, earl of, lawsuit between him and the abbot, xlv.
Murray, subdean and official of, xlix.

Ogilvie, James, of Finlater, xliv.

Pollintarf, or "Bull Pottis," xxxvi.
Pont, Sir James, sent to the school of the Dominicans at Aberdeen, xlvii.

Radulphus, third abbot of Kinloss, lxxv.
Reid, Ann, daughter of Walter, abbot of Kinloss, lvii.
Reid, Katherine, sister of Abbot Walter, lxi; married to the dean of Murray, *ib.*
Reid, Robert, abbot of Kinloss, gets gifts of silver vessels from Henry VIII., xlix; his embassies, l.
Reid, Robert, abbot of Kinloss, life of, lxix.

INDEX TO PREFACE.

Reid, Robert, founder of the college of Edinburgh, liv; notice of books which belonged to him, *ib.*; his book stamp, lv.
Reid, Robert, promoted to the see of Orkney, l; brings a gardener from France, lii; also a celebrated painter, *ib.*; his buildings at Kirkwall, liii.; his death at Dieppe, *ib.*
Reid, Walter, abbot of Kinloss, li; notices of him, lvi; his wife, *ib.*
Reinerius, second abbot of Kinloss, lxxiv.
Richard, abbot of Kinloss, notices of, xxxix; lxxv.
Robert I., fishings on Findhorn granted by, xiii.
Rune Pictorum, meaning of, xxvii, xxx.
Runetwethel, xxxii.

Sackville, Sir Edward, lix.
St. Andrew, chapel of, at Kinloss, lii.
St. Anne, altar of, at Kinloss, xlvi.; bell of, xlvi.
St. John the Evangelist, chapel of, at Kinloss, xlii, lii.
St. Jerome, chapel of, at Kinloss, xlv; bell of, xlvi.
St. Laurence, chapel of, at Kinloss, lii.
St. Mary, bell of, xlvi.
St. Ninian, figure of, in fresco, at Turriff, lii.
St. Peter, chapel of, at Kinloss, lii.
St. Thomas of Canterbury, chapel of, at Kinloss, lii.
Silver vessels brought from France and Flanders, xlvi.
Sinclair, Henry, Dean of Glasgow, xxiii.

Sinclair, John, dean of Restalrig, xxiii.
Smyth, John, monk of Kinloss, lxiv; his Chronicle (App. to Pref., No. I.)
Stewart, John, natural son of James V., li.
Stewart, William, bishop of Aberdeen, xxi; his embassy to Henry VIII., xlix.
Strathisla, granted to Kinloss by William the Lion, xi; its early boundaries still recognisable, xxiii; tower of, built, xlvi.
Sutherland, William, earl of, his gift to Kinloss, xl.

"Temple Stanis," or Anchindathin, a boundary of land, xxxvi.
Thomas, abbot of Kinloss, lxxv.
Thurburn, Mr. William, notices by, of the boundaries of Strathisla, xxiii.
Tubernacrumkel, meaning of, xxvii, xxxi.
Tubernafeyne, meaning of, xxvii.
Turnbull, William, abbot of Melrose, deposed, xlvii.
Turriff, St. Congan's church of, and fresco of St. Ninian in, lii.

Vane, James, xx.
Vaus, John, grammarian, University of Aberdeen, xx, xxi.
Vestments brought from France and Flanders, xlvi.
Virgin, the Blessed, chapel of, xlvi; altar-piece in, *ib.*

Wicelius, works of, liv.
William the Lion, his gifts to Kinloss, xi, xii.

INDEX TO APPENDIX TO PREFACE AND CHARTERS.

Abailardus, Petrus, 73, 74
Aberdeen (Aberdonia), 9, 11, 24, 28, 39, 50, 60, 115, 123, 124, 132, 159
Aberdeu, Hugo de, 119
Aberden, Radulphus de, 119
Aberden, Robertus de, 119
Achindathin, 147
Adam, abbot of Kinlos, 126
Adam, Capellanus, 113
Addun, Ricardus de, 119
Addun, Robertus de, 119
Adrian, St., 108
Agnes, soror comitis de Huntly, 28
Air, 128
Akynheide, 49
Aldrochin, 110
Aldtoun, 93, 94
Alexander, filius Margaretæ, 4
Alexander I., rex Scotorum, 4, 5
Alexander II., rex Scotorum, 5
Alexander III., rex Scotorum, 5, 112, 114, 118, 119
Algargadlin, 110
Algars, 110
Aliat, David, 142
Allane (Ellon), kirk of, 154, 159, 160
Allardice, John, of that ilk, 144
Allardice, Robert, of Baddinschot, 144
Alter, 61, 93, 94
Alvath, 134
Alvays (Alves), 116, 117, 118, 128
Ambrosius, 36, 53, 56
Amonth, 93, 94
Anderson, Sir John, 151, 152, 153
Anderson, William, 153
Andreæ, St., collegium St. Salvatoris, 7, 49
Andreas, episcopus de Cataues, 109
Andreas, filius Willelmi Freskin, 113
Andreas, St., 7, 11, 49

Andree, St., episcopus, filius Jacobi IV. regis, 8
Andree, St., magna ecclesia de, 5, 6, 8, 11
Andree, St., Universitas de, 6
Anegus, Serlo de, 119
Angelus, St., 104
Angli, 4, 5, 7, 10, 11, 50, 60
Angus, Archibaldus, comes de, 136
Angus, comes, 7
Auna, St., 30, 33, 35
Arbroth, abbas de, 10
Arbrotht, monasterium de, 8
Archbald, Johannes, 142
Ardicio, diaconus, 108
Ardingrask, 93
Aretinus, Leonardus, 54
Argyll, Archibaldus, comes, 27, 136, 138, 143
Arnaldus, episcopus St. Andreæ, 5
Auchindlaucry, 155
Auchinhovis, 155
Awacht, kirk of, 156, 159, 161

Bad, Willelmus, 142
Baddacarne, 147
Baddinschot, 144
Bade, Issobella, 141, 142
Badnagir, 110, 147
Bald, Alexander, 151, 154
Baird, George, of Ordinhuff, 144
Bairhum, Andrew, 64
Balgy, 7
Ballacht (Belach), ager, 27, 110, 115
Balladrwme, 99
Ballamene, auld toun of, 156
Ballool, Johannes de, 5
Ballnamene, 155
Balormy, Thomas de, 128

Banff, 111, 126, 129, 141, 146, 147
Bannerman, Alexander, 27
Bannerman, Donald, 125
Bannochborne, 6, 7
Barclay, Mr. James, of Kynneromsquhy, 144
Barclay, Patrick, of Towie, 144
Barclay, Walter, of that ilk, 144
Beatoun, David, cardinal, 10
Benedictus III., papa, 125
Berkeley, Walterus de, 109, 124
Bernard, abbot of Aberbrothoc, 128, 131
Bernard, St., 12, 13, 36, 47, 69, 71-77, 79, 83, 84, 91
Bernard, St., chapel of, 12
Bernardus, episcopus Portuensis, 108
Bewlie (Beauly), 11, 93, 95, 96, 162, 163
Bewlie, mains of, 93, 95, 98, 99
Bewlie, mills of, 93, 95
Bewlie, priory of, 93, 97, 98
Bidun, Walterus de, 109
Bisset, dominus Jacobus, 7
Blacuodaeus, Henricus, 68
Blakelord, 113
Boethius, M. Hector, 42, 56
Boglugy, 155
Boid, Archibaldus, 154
Borthwyk, Willelmus de, miles, 133
Boscho, Willelmus de, 113
Boso, cardinalis, 108
Bothwell, Patricius, comes de, 136, 138
Boytht, 93, 94
Bradus, Archimbaldus, 57
Braidwood, Archibaldus, 48, 149, 152
Brakakis, 145
Brakhall, 155
Bricius, Henricus, 113
Brode, dominus de, 12
Brode, terre de, 8
Browin, David, 154
Browne, Gulielmus, 47, 48, 142, 149, 152, 154
Browne, Servanus, 47, 142, 149
Browne, Thomas, 51, 149, 152, 154
Bruce, Edward, dominus de Carrick, 128, 131
Bruce, Mr. Edward, of Easter Kennet, 150, 151
Bruce, Robertus, rex, 5, 6, 126, 129, 132, 137, 139, 140
Bruntkyrk, 11
Buchan (Bowchanic), comes de, 7
Buchania (Buthquhania), 7, 28, 121, 134
Buklybrays, 11
Burgundia, 71
Burgundiana, schola, 68
Burgyne, 50, 109, 111, 112, 113, 114, 115, 118
Burrisyardis, 142
Burroleis, 151
Burt, Jacobus, 51, 149, 152, 154
Cairnborrow, 144
Cairncott, 93, 99
Cairnslaw (Clochtyne, *alias* Teorie Clamchyne), 144
Calcow (Kelso), monasterium de, 4, 10
Cambuskymnel, 7
Cameroun, Johannes, 149
Campbell, Archimbaldus, comes Argathalie, 27
Cantlie, Over and Nether, 156, 162
Cavinhillis, 155
Carlyle, 5
Carneors, Robertus, epis. Rossensis, 10
Carolstadius, 85
Cassillis, comes de, 7
Catnes, comes de, 7
Cecilia, St. 108
Chapeltoun, 160
Cheyne, Patricius, de Essilmonth, 141, 142, 143, 145, 149
Cheyne, Thomas, 149
Chyld, Johannes, 142, 149
Cinthyus, diaconus, cardinalis, 108
Clachnatreith, lapis de, 147
Clachnatreith, villa de, 148
Clanquhattaynne, 8
Clargynloy, 110, 147
Clerk Sett, the, 155
Clochindiston, 110
Comyn, Willelmus, comes de Buchan, 116
Conharbrie, 93, 94
Conueth, Eister, glen of, 93, 94
Conueth, parish of, 97
Corbe Craig, 147
Corbeth, Robertus, 115
Cragskorrye, 93, 94
Craigleithe, 155
Cranokis, Eister, 155
Cranokis, Newland of, 155
Cranokis, Wester, 155
Crafurd, comes de, 7
Craufurd, dom. Joannes, 59, 95
Craufurd, George, of Fetherat, 144

INDEX.

Cristisone, Thomas, 146
Cromarty, 144
Cross-slacks, 145
Croyleths, Eister and Wester, 155
Crystallus, Thomas, abb. de Kynlos, 17, 20, 21, 42, 45, 49, 53, 55-57, 62
Culbynne, dominus de, 12
Culnulyne Mekle, 93, 94
Culquhodstane, 144
Culross, 20, 21, 23, 36, 39, 43
Culross, Gulielmus, 23, 24, 43
Cumein, Alexander, 61
Cumein, Joannes, 27
Cumein, Robertus, 34, 149
Cumein, Willelmus, 110
Cumin, Walterus, 116
Cummyng, Joannes, 5
Cuper, 5, 13, 21, 39, 49, 119
Cwkis, Johne, land, 93, 95

Dapiferus, Alanus, 109, 112, 114
Dapiferus, Walterus, 114
Dason, David, 59, 93, 95
David, filius Malcolmi, 4, 5, 6
David, filius Margaretæ, 4
David, Rex I., 106, 111, 114
David, Rex II., 6, 125
David, filius Dunecani comitis de Fife, 115
David, frater regis Willelmi, 109, 124
Dawson, Joneta, uxor Johannis Smyth, 9
Dekison, Jacobus, 48
Denastoun, Mr. Thomas, 150
Deskfurd, 146, 147
Deyr (Deire), monasterium de, 13, 28, 39, 119
Dieppa, 50, 58
Dionisius, St., 55
Douglas, Archibaldus, comes de, 133
Douglas, Jacobus de, 132, 138
Drummond, Johannes, dominus, 136
Drybrocht, monasterium de, 10, 39
Duff, John, of Maldeinct, 144
Duffus, Archibaldus, 113
Duffus, dominus de, 12
Duffus, Robertus de, 119
Dumbar, Alexander, vicecomes Morauie, 57
Dumbar, Gavinus, 50
Dumbar, Jacobus, 47
Dumfermlyne, monasterium de, 4, 5, 8, 136, 138
Dunbar, Magister Gawinus, 138
Dunbar, Johannes, 142

Duncani, Patricius, notarius, 146
Duncansone, Alexander, 145
Duncanus (pater Malcolmi), 4
Duncanus, comes, 109, 110, 102, 115
Dunde, Willelmus de, 119
Dundee, 11
Dundrannane, monasterium de, 4
Dundureus, 37, 122, 115
Duplynne, 6
Dwffus, 12
Dyk, parochia de, 8

Edgarus, filius Malcolmi regis, 4
Edinburgh, 9, 11, 28, 50, 62, 113, 138, 141
Edingeith, 155, 162
Edmundus, filius Malcolmi regis, 4
Edwardus, filius Malcolmi regis, 4
Edward, St., house of, 13, 119
Elder, Adamus, 51, 62, 63, 65, 68, 149, 152, 154
Eldredus, filius Malcolmi regis, 4
Elgyn, 37, 109, 110, 111, 112, 114, 115, 124, 152, 157
Elgyn, Robertus de, 119
Ellem, Joannes, abbas, 34
Ellone, 23, 27, 28, 32, 35, 37, 121, 122, 123, 134, 149, 150, 161
Eren, 112, 124
Eren, aqua de, 111, 114, 115
Ernaldus, abbas de Melros, 124
Erskeynne (Erskyne), Magister de, 12
Erskyne, dominus, 60
Essilmonth, 141
Ethres, 155
Ewinstell, fishing of, 157

Faber, Jacobus, 54, 55, 60
Farrett, Thomas, of that ilk, 150
Fawkland, 9
Fawkyrk, 5
Fayublair, 93, 94, 97
Fochille, 28
Felix, episcopus Moravie, 112
Ferentinum, 103
Ferne, 26
Ferne, water of, 93, 95
Fernlie, 93, 94
Ferrerius, Gulielmus, 52
Ferrerius, Joannes, 17, 45, 52, 159
Ferrerius, Martinus, 52, 53
Ferrerius, Thomas, 53
Ferrie House, 93, 94

Y

INDEX.

Fertheken, 110
Fetherat, 144
Fif, Thomas de, 119
Finderne, aqua de, 25, 28, 37, 50, 57, 137, 139, 143, 157, 158
Findone, hill of, 145
Finlater, 28, 38, 57, 146
Flowdon, 7, 49
Fluris, 156
Forays, Alanus de, 119
Fores, 9, 25, 37, 109, 111, 112, 114, 115, 116, 117, 118, 124, 131, 139, 142, 157, 158, 160
Forgyn, 110
Forman, Andreas, epis. St. Andree, 8, 39
Forne, water of, 95, 99
Forstar, Johannes, miles, 133
Forsyth, Gulielmus, 48, 149, 152, 154
Fortrie, 155
Fortrie, Newland of, 151
Fothiringhame, dom. Patricius, 47
Fothiringhame, Patricius, 142
Foulis, Georgins, 152
Franciscus, rex Francie, 51, 58
Fraser, Alexander, 132, 138
Fraser, Alexander, of Philorth, 144
Fraser, Hugh, lord of Lovat, 93, 96, 97, 98, 99
Fraser, James, of Balladrwme, 99
Fraser, Mr. John, 98, 99
Fraser, Simon, lord of Lovat, 99
Frefeilde, 37
Fresale, Johannes, decanus de Restalrig, 137

Galbreth, Gulielmus, abb. Kynlos, 21, 43
Gallia, 32, 47, 51, 58, 59, 61
Gamry, 141
Gardin, Andreas, 142
Gartle (vicarius de), 11
Garwotwod, 155
Georgius, abbas de Dunfermling, 136
Georgius, abbas de Pasleto, 136
Geth, 110
Giffard, Johannes, 113
Gilbertus, archidiaconus Moravie, 113
Gilbertus, comes, 109, 110
Glasgow, 124
Glen, Eister, 97
Glengarock, 155
Gordon, Alexander, comes Huntleus, 27, 28, 46
Gordon, George, of Cairnborrow, 144
Gordon, James, of Culquhodstane, 144

Gordon, James, of Methlick, 144
Gordon, Joannes, de eodem, 8, 40
Gordon, John, of Lumgare, 144
Grange, 10
Gray, Alexander, 24
Gray, Andreas, 138
Gray, Gilbertus, 59
Gray, Thomas, 142
Graymme, magister de, 12
Gyseburn, Henricus de, 119

Hachindaling, 110
Haddintoun, monasterium de, 10
Haistie, Thomas, 48, 154
Halidownhill, 6
Hapburn, Mgr. Jacobus, 49
Harelawe, 6
Harwor, Robertus, prior a Pluscarde, 26
Hastingis, Johannes de, 115
Hauches, 155
Hawinthfe, ager, 28
Hay, Jacobus, epis. Rossensis, 11
Haya, Johannes de, 113
Haya, Willelmus de, 110
Henricus, abbas de Kynlos, 120
Henricus, comes de Huntyntoune, 5
Henricus, episcopus Aberdonensis, 121
Herbertus, abbas de Kynlos, 119
Hethon, Walterus, 39, 47, 142, 152
Heton, Alexander, 21
Holmeoltran, 5
Homyldowne, 6
Hugo, abbas de Neubatil, 124
Hugo, filius Freskin, 112
Hume, Alexander, dominus, 136, 138
Hylaf, 106

Inchaffray, abbas de, 8
Inchedamin, boscus de, 111, 114
Incheschawfra, abbas de, 8
Incheyrie, 93, 94
Innerlochethin, 111, 114
Innermarky, 144
Innermey, 144
Innes, dominus de, 12
Innes, Johannes, abbas de Deire, 28
Innes, Robert, of Innermarky, 144
Invereren, 111, 112, 115
Inverness, 8, 37, 111, 112, 114, 124
Invernys, Alexander de, 119
Inverrania, 12
Irvine, Alexander, of Lonmey, 144
Ithan, 37

INDEX. 173

Jacobus, abbas de Dumfermling, 138
Jacobus I., rex Scotie, 129, 139
Jacobus II., rex Scotie, 7
Jacobus III., rex Scotie, 7
Jacobus IV., rex Scotie, 7, 8, 10, 26, 38, 39, 49, 135, 137, 139
Jacobus V., rex Scotie, 9, 50, 51, 55, 58, 63
Jamesoun, Alexander, 151
Jedwod, monasterium de, 4
Jhonnesoune, Thomas, 11
Jocelinus, episcopus de Glasgo, 124
Johannes, episcopus de Wynsister, 7
Johannes, presbyter, cardinalis, etc. 108
John, prior of Beaulie, 99

Keith, Gilbert, of Troup, 144, 145
Kelbuthac, 107, 109
Kelliesmouth, 155
Kelliesmouth, ouer hauches of, 156, 162
Kelsocht, 10
Kennedy, Jacobus, espiscopus St. Andree, 7
Keth, 116, 117, 118, 119
Keth, Robertus de, miles, 128, 131
Kilboyok, 157
Kilmanitie, 155
Kilmoling, Mekle, 97
Kilmorak, 93
Kilmyntutie, hauches of, 155
Knok, The, 155, 162
Koklaw, 6
Kylmanedy, Nether, 155
Kylmanedy, Over, 162
Kyngorynne, 5
Kynlos, baronia de, 152, 157, 161, 163
Kynlos (Kinlos), monasterium de, 3, 5, 8-13, 17-22, 25-29, 32-35, 37, 38, 42, 43, 45, 46, 47, 49-51, 53, 55, 57, 58, 59, 61, 62, 63, 65, 67, 105, 109, 111, 112, 114, 116, 117, 119, 120, 121, 122, 123, 124, 125, 129, 131-133, 135, 138, 139, 141, 143, 145-50, 152, 154, 158, 161
Kynlos, officiar of, 159, 160
Kynlos, regality of, 152
Kynlos, town of, 135, 136
Kynneromsquhy, 144
Kympont, James, 152
Kyntessoe, Henricus de, 119
Kyrkaldy, 11, 49, 51
Kyrkeburne, 117

Ladyland, 156
Lagyn, 110
Lambertus, persona de Fores, 112

Lanemalbride, Abraham de, 112
Langcoit, 157
Langmuir, Agnes, 151
Lauder, Robertus de miles, 133
Lauder, Willelmus de, 124
Laurence, St., chapel of, 9, 12
Laurok, David, 57
Lauthoris, 144
Law, The, 145
Leithnocht, 37, 115, 141, 143, 144, 149, 150
Lesking Ewin, fons de, 110
Leslie, Norman, Mgr. de Rothes, 10
Leslie, Thomas, 151
Letham, 9
Levenax, Malcolmus, comes de, 132, 138
Levenax, Matheus, comes de, 138
Lexoviense, collegium, 53
Leytht, 11
Londoryis, 5
Lovat, lord, 93, 96
Lubias, Gulielmus, 58
Lumgare, 144
Lundin, Philippus de, 110
Lyell, Gulielmus, 48, 149, 152
Lyndsay, magister Joannes, 24
Lyndsay, Walterus de, 113
Lynnache, 156
Lynton, David de, 119

M'Alestaris croft, 93, 95
M'Conyll M'Alester, Alexander, 99
M'Huchonis croft, 93, 95
Major, Joannes, 36
Malcolmus rex, filius Henrici, comitis de Huntyntoune, 5, 111, 114
Maldeiuet, 144
Malevin, 113
Marescallus, David, 113
Marescallus, Harbartus, 110
Margareta, regina Scocie, 4
Maria, comitissa Bolonie, 4
Marshall, William, earl, 144
Martinus, M. Hugo, 26, 27, 134
Mason's lands, 93, 95
Massath, 111, 114, 131
Matheus, episcopus Aberdon., 109, 111, 115
Melros, Monasterium de, 4, 10, 12, 38, 39, 119, 124, 133
Mongreowis, 155
Monteith, Johannes de miles, 128, 131
Menzies, Alexander de, miles, 132, 138
Menzies, Thomas, of Pitfodles, 144

Merchellis croft, 93
Methlick, 144
Methvenne, 6
Millegin, 155
Millegin, Newlands of, 156
Moravia, Johannes de, 128
Moravia, vicecomes de, 57
Morevil, Ricardus de, 109, 124
Moruil, Willelmus de, 110
Mortimer, Rogerus de, 110
Morton, James, earl of, 98
Mouat, Margareta, domina, 47
Munros, 115
Murdach, Walterus, 114, 115
Murheid, Ricardus, 137
Muriel, sponsa Walteri Murdoch, 114
Murifald, 155
Murray, David, 47, 142

Newbottle, monasterium de, 4, 10, 12, 119
Normannnill, Walramus de, miles, 158
Normannill, Walterus de, miles, 132

Ogilvy, Jacobus de Finlater, 28
Ogylwy, Alexander de Finlater, 146, 117, 148, 149
Ogylwy, magister de, 12
Ordeyis, 157
Ordinhulf, 114
Ouir Mylne, 155

Pantoun, Henricus, 151
Parson, Johannes, 112
Pethnik, 155, 162
Petlathie, 95, 96, 97
Pettynveymue, 8
Philorth, 144
Pitarro (laird of), 161
Pitfodles, 144
Pluscardynne, monasterium de, 5, 26
Polenterf, 110
Pollisdone, 144, 145
Pollintarf (Bull Pottis), 147
Polloc, Petrus de, 109, 112, 115
Pont, Jacobus, 39, 47, 62, 142, 149
Pop, Jacobus, 59
Portar, Jacobus, 48, 149

Quinci, Robertus de, 110
Quinci, Rogerus de, 116

R. episcopus Moraniensis, 110
R. episcopus Rossensis, 110

Rainerius, abbot of Kinlos, 105
Rait, Gulielmus, 20
Rait, Jacobus, abbas de Culross, 21
Ranistoun, 144
Rathed, 116, 117, 118
Rawindoun, 93, 94
Reid, Archibaldus, 154
Reid, Joannes, 49
Reid, dominus Robertus, abbas de Kynlos, 9, 17, 30, 48, 49, 53, 55, 56, 57, 62, 75, 143, 146, 148, 149
Reid, Robertus, epis. Orcadensis, 11, 12, 40, 44, 58, 59, 66, 79
Reid, Walterus, abbas de Kynlos, 12, 40, 66, 77
Restalrig, 137
Richardinus Robertus, 50
Richardus, episcopus Moraviensis, 110
Riddall, Adamus, 48, 149, 152
Robert, subprior of Kynlos, 119
Robertus, officialis archiepiscopi S. Andreae, 49
Rokisburtht, 7
Roslyne, 5
Ross, cathedral kirk of, 159
Rotheis, 10
Rune Pictorum, 113
Runetwethel, 113

Salteby, Willelmus de, 119
Sancto Claro, Willelmus de, 128
Sandis, Richardus, 48, 149, 152, 154
Sanchy toun, 156, 162
Saute, Robertus de, 119
Schanwell, Besseta, 49
Schanwell, dominus Joannes, abbas de Cupro, 21, 49
Schanwell, M. Robertus, vicarius de Kirkaldy, 49, 51
Schawe, Robertus, 49
Scona, monasterium de, 5-7, 116
Servanus, St., house of, 13, 119
Seton, Alexander de, 116
Seton, Johannes de, miles, 133
Shirefmylne, 142
Shirefstell, 158
Skeitht, Eister and Wester, 147
Sloy, pule, 138
Smyth (monk of Kinlos), Johannes, 3, 9, 12, 47, 142, 149
Spens, David, 43, 48, 57, 142, 149
Spens, M. Hugo, 49
Spens, M. Johannes de, 128

INDEX. 175

Stewart, David, 7
Stewart, Gulielmus, dom., 50
Stewart, Jacobus, comes Moravie, 10
Stewart, Jacobus, episcopus Moraviensis, 7, 10
Stewart, Robert, of Lauthoris, 144
Strathauchine, Mr. Alexander, of Thornton, 143
Strathylay, baronia de, 12, 23, 27, 28, 31, 32, 35-37, 42, 46, 57, 109, 115, 116, 117, 134, 146, 147, 155
Strathylay, officiar of, 159
Strawtechyne, Dauid, 154
Strivelin, Henricus de, 116
Strivelin, Thomas de, 113, 116
Struderis, 152, 153, 157
Stuart, Jacobus, filius regis et comes Moravie, 28
Sules, Ranulphus de, 124
Symon, clericus de Duffus, 112
Symon, episcopus Moravie, 112
Symon, prior of Kynlos, 119

Tannoquhy, 157
Tarbat, 47
Telmire, 110
Temple Stanis, 147
Terras, Robertus, 152
Thane, Johannes, 142
Tharfreysche, 93
Tharknok, 93, 94
Thomas, abbas de Kynlos, 9, 10, 20, 21, 22, 23, 25, 28, 30, 31, 34, 36, 37, 38, 40, 42, 43, 44, 47, 48, 62, 140, 141, 142
Thomas, episcopus Rossensis, 120
Thornton, 143, 155
Todlaw, 145
Tognius, Thomas, 59, 62
Toirmoir, 155
Toud, Patricius, 48
Towie, 144

Trail, Walterus, episcopus, 6
Trumbull, dom. Gulielmus, 39
Trup, 115, 143, 144
Trup, barony of, 145
Tubernacrumkel, 113
Tubernafein, 113
Tubernancam, 110, 147
Tullauch, Jacobus, 142
Tullicurran, mons de, 147
Tullidaff, Mr. Andrew, of Ranistoun, 144
Tvethel, 111, 114

Ulern, 113
Urquhart, Alexander, 142, 143, 158
Urquhart, Gulielmus, 57, 58, 142
Urquhart, Jacobus, 142, 143
Urquhart, Thomas, of Cromarty, 144

Valoniis, Philippus de, 110
Vdnie, chapel croft of, 158
Vdnie, laird of, 159, 160

Walter, abbot of Kinlos, 93, 95, 96, 97, 98, 149, 150, 151, 152, 154, 158
Walter, steward of Scotland, 128, 131
Waltertonne, dom. de, 12
Walterus, capellanus, 112
Walterus, filius Alani, 109, 124
Wawane, magister Jacobus, 142
Weddell, Andreas, 142, 149
Wemyss, Michael de, 112
Wille, Patricius, 142
Willelmus, episcopus Abirdonensis, 136, 138
Willelmus, episcopus Glasguensis, 133
Willelmus, episcopus Moravie, 112
Willelmus, filius Freskin, 110, 112, 115
Windhillis, 156, 162
Wrquhanye, 93, 94
Wynsister, Johannes, episcopus Moraviensis, 7
Wysman, Willelmus, miles, 132, 138

www.ingramcontent.com/pod-product-compliance
Lightning Source LLC
Chambersburg PA
CBHW021345230426
43666CB00006B/413